萍蹤寄語

記錄旅遊各國的所見所聞，鄒韜奮以詳實的文字批判資本主義利弊

鄒韜奮——著

巴黎的「玻璃房子」，東倫敦的「大規模貧民窟」，
德國的「領袖制」，賽爾馬的「變相的農奴」……
「資本主義」所帶來的是科技進步、生活便利、繁華作樂的富足社會
還是經濟恐慌、失業剝削、歧視欺凌的百姓悲歌？

目錄

目錄

目錄

船上的民族意識

記者前天（二十一日）上午寫《到新加坡》那篇通訊時，不是一開始就說了一段平風浪靜的境界嗎！昨天起開始渡過印度洋，風浪大起來了，船身好像一蹲一縱向前邁進，坐在吸菸室裡就好像天翻地覆似的，忍不住了，跑到甲板上躺在籐椅裡不敢動，一上一下好像騰雲駕霧，頭部、腦部都在作怪，昨天全日只吃了麵包半塊，做了一天的廢人，苦不堪言。今天上午風浪仍大，中午好了一些，我勉強吃了一部分的中餐，下午吸菸室裡仍不能坐。寫此文的時候，是靠在甲板上的籐椅裡，把皮包放在腿上當桌子用，在狂濤怒浪中緩緩寫著，因明日到可倫坡待寄，而且聽說地中海的風浪還要大，也許到那時，通訊不得不暫擱一下。

船自新加坡開行後，搭客中的中國人就只剩了七個。黑色的朋友上來了十幾個（印度人），他們裡面的婦女們手上戴了許多金鐲，身上掛了不少金鍊，還要在鼻孔外

船上的民族意識

面的四處嵌上一粒金製的裝飾品。此外都是黃毛的碧眼兒。有一個嫁給中國人的荷蘭女子，對於中國人表示特別好感，特別喜歡和中國人攀談。

同行中有一位李君自己帶有一個帆布的靠椅，預備在甲板上自己用的，椅上用墨寫明了他的中西文的姓名以作標誌。前天下午他好端端地、舒舒服服地躺在上面，忽然來個大塊頭外國老太婆，一定要把他趕開，說這個椅是她的。李君把椅上寫明的姓名給她看，她不肯服，說他偷了她的椅子，有意寫上自己的姓名！於是引起幾個中國人的公憤，我們裡面有位甲君（代用的）尤其憤激，說「中國人都是做賊的嗎？這樣的欺侮中國人，我們都不必在國外做人了！這還了得！」我看他那一副握拳擦掌、切齒怒目的神氣，好像就要打人似的。還有一位乙君持極端相反的意見，他說：「中國人出門就準備著吃虧的。」又說：「自己不行（指中國），有何話說！」他主張不必認真計較。當時我剛在吸菸室裡寫文章，他們都倉皇跑進來告訴我，我說老太婆如不講理，可將情形告訴船上的管事人，倘若她自己也帶了一張椅子，因找不到而誤認的話，可叫管事人替她找出來，便明白了。後來果然找到了她自己的椅子，對李君道歉，而且覺得很難為情。聽說她原有幾分神經病，甲君仍怒不可遏，說不管有沒有神經病，總是欺侮中國人，於是他仍就狠狠地、熱血沸騰地對著這個老太婆加了一番教訓，並在背後憤憤大說乙君的閒話。

中國人到國外易於被人凌辱，卻是一件無可為諱的事實。理由很簡單，無非是國內軍閥官僚們鬧得太不像樣，國際上處處給人輕視，不但大事吃虧，就是關於在國外的個人的瑣屑小事，也不免受到影響。例如船上備有浴室，如遇著是中國人正在裡面洗浴，來了一個也要洗浴的西人，往往打門很急，逼著速讓，那種無理取鬧的舉動，雖限於少數的「死硬」派，無非含有輕視中國人的意味。

不過有的時候也有自己錯了而出於神經過敏的地方。此次同行中有一位「同胞」（赴外國經商的）說話的聲音特別的響亮，極平常的話，他都要於大庭廣眾前大聲疾呼。除登臺演說外，和一兩人或少數人談話原不必那樣賣力，但是這位仁兄不知怎樣成了習慣，不開口則已，一開口就非雷鳴不可。這當然易於惹人厭惡，我曾於無人處很和婉提醒他，請他注意，他「願安承教」了，但過了一天，故態復萌，有一夜他在房裡又嘩拉嘩拉起來，被對房睡了覺爬起來的一個德國人跑過來辦交涉，他事後憤然說，在自己房裡說說話有什麼犯法，他覺得這又是選定中國人欺侮了！

船上的民族意識

自「九一八」中國暴露了許多逃官逃將以來，雖有馬占山部及十九路軍的曇花一現的暫時的振作，西報上遇有關於中國的漫畫，不是畫著一個顢頇大漢匍匐呻吟於雄糾糾的日軍閥槍刺之下，便是畫著前面有一個拖著辮子的中國人拚命狂奔，後面一個日本兵拿著槍大踏步趕著，這樣的印象，怎能引起什麼人的敬重？至於外國人中的「死硬」派，那更不消說了。這都是「和外」的妙策遺下的好現象！

到國外每遇著僑胞談話，他們深痛於祖國的不振作，在外隨時隨地受著他族的凌辱蹂躪，呼籲無門，所表示的民族意識也特別的堅強，就是屢在國外旅行的雷賓南先生，此次在船上的時候和記者長談，也對此點再三的注意，可見他所受到的刺激也是很深刻的。我說各殖民地的民族革命，也是促成帝國主義加速崩潰的一件事，不過一個民族中的帝國主義的附屬物不剷除，為虎作倀者肆無忌憚，民族解放又何從說起呢？這卻成為一個先決問題了。

一九三三年七月二十三日，佛爾第號船上，自可倫坡發。

海上零拾

記者自七月十四日上船迄今兩星期了，在這汪洋大海的孤舟上，對於中國國內時事消息完全隔離，直等於一個瞎子或聾子。同行中有某君說過幾句頗妙的話，他說出國旅行於健康上很有好處，這句話聽去似很平常，但是他再解釋下去的話卻頗特別，他說在中國國內最損害健康的事情莫過於每天的看報！所看到的關於國事的種種新聞，無論是關於外交，或是關於內政，總是使你看了不免「發昏章第十一」，如在飯後看了，便有害於你的消化，如在睡前看了，往往使你發生失眠症，這都和你的健康有害。出國之後，好了，什麼都不看見，什麼都不知道，吃飯也容易消化，睡覺也容易舒暢。

這位朋友從前是到過外國留學的，他說在外國看報，最怕的是看到關於中國的新聞，因為偶而遇著，不是某軍閥和某軍閥又打起仗來了，便是什麼地方又發生了綁票案子，使你看著白白生了一頓氣，別無結果。某君的這些話似乎都能言之成理，照他這樣說，記者現在是再快樂沒有的了。但事實上卻不然，因為你儘管耳不聞、目不見，糟糕的國事和悽慘狀況仍然存在，並不因此而消滅，而且一出國門，置身異地，夾在別國人裡面，想念到自己國內的烏煙瘴氣，所感到的苦痛只有愈益深刻。所以在途中所感到的苦悶，和在中國國內每日看著嘔氣的報紙並沒有兩樣。

船將要離開孟買的時候，發生了一件氣人的事情。船停泊在碼頭，時有印人拿著一大堆西文的各種雜誌到船上兜售。我正坐在甲板上一個籐椅裡靜悄悄閒看著，忽然從吸菸室裡走出一對英籍夫婦，後面跟著他們的一個十六、七歲袒胸露臂的女兒。那個英國婦人氣憤詢問著誰曾看見一個售賣畫報的印度人，說他曾在船上無人處碰了她的女兒，正在這個當兒，剛巧有一個售畫報的印度人走過，便被那英國人不管三七二十一，舉起手就打，那印度人抱頭而逃。其實上船售賣畫報的印度人有好幾個，挨打的是否就是「碰」的那一個，就是「碰」了，是怎樣「碰」的，是否出於有意，都不可知，只因為他既不抵抗，只知道逃，也就穩得了他的罪名了！

二等艙中有葉葆亨君，福建莆田人，係爪哇僑商，親送他的一個十八歲的兒子赴德學習化學工程和一個十九歲的女兒赴德學習醫科，聽說記者也在船上，特來晤談。據說爪哇大宗商業都在華僑掌握中，對祖國原極熱心，淞滬抗日之戰，以三十萬人僑胞所在的爪哇一處，捐款達八百餘萬元，其踴躍輸捐，可以想見，但現在僑胞對國事卻已覺得心灰意冷了！

葉君對中國國內的教育，尤為沉痛的批評，他說荷蘭人對於青年的科學知識，異常認真，尤其是算學、理化等科，教授非常嚴格，在小學中對這類基本自然科學還沒有充分合格，即不許入中學，中學升大學亦然。他去年回福州一趟，見號稱大學的某校，其所用課本的程度僅及荷人所辦的初中，如此徒騖虛名，不求實際，他嘆為徒然誤人子弟。葉君所慨嘆的事實，記者雖不知其詳，但中國教育之徒騖表面，關於基本知識之馬虎，使學者缺乏縝密切實的科學訓練，實屬無可為諱的現象，不過記者老實告訴他，這也不是局部的問題。現在的國事弄得這樣糟，青年們觸目驚心，時時受到悲痛的刺激，怎樣能使他們安心於什麼實學？其次，在現在的狀況下，就是有了真才實學，用到什麼地方去？有哪一件真屬建設的事業容納得了若干人材？況且封建勢力的遺毒彌滿於各處——尤其是和政治有多少牽連的事業，有了狐親狗戚的靠山，阿貓阿狗都得彈冠相慶，否則什麼都無從說起！實際的環境如此，要想用空言勸告青年如此這般，豈不等於石沉大海，於事實上哪有絲毫的效用？

同行中有位出聲如雷鳴的旅伴，記者曾在通訊裡提過他，因為關於他的故事不無幽默的意味，所以還是把他當作無名姓妥當。這位「雷鳴」先生，在漫漫長途中倒供給我們以不少的有趣的談資。他除有「大太太」外，還有一位「二太太」，他的「大太太」，聽他的口氣，大概是個土老兒，「二太太」卻是個千嬌百媚的女學生，因留在家裡，使他懷念不置，動不動就想到「二太太」，大家也常常提起「二太太」和他說笑。這裡卻有個小小的難題，他的「大太太」無論如何不願正式離婚，此事未辦妥，「二太太」總覺得在名義上不稱心，於是這位「雷鳴」先生天天感到心神不寧，三番五次的和我商量，一定要我替他想個辦法。我說依現行法律，女子一嫁就有法律上的保障，除她和你同意辦到協議離婚外，你倘無法律上認可的充分理由，實想不出什麼辦法。他氣極了，悻悻地說：「好！我就算多養一隻狗就是了！」他這句話雖近乎戲語，但卻使我得到一個很深的感觸，就是呆板的法律所能為婦女——在經濟上不能自立的婦女——保障的，至多是物質生活的勉強維持，無法救濟精神上的裂痕。

七月三十一日上午，佛爾第號船上，八月三日到蘇伊士付寄。

月下中流——經蘇伊士河

我們原定辦法，由意輪船公司招待搭客往埃及首都開羅遊覽，願去的每人繳費六鎊半，汽車、火車及午晚餐食等在內，三日上午由蘇伊士城出發，可於當晚十點鐘到塞得港（Port Said）上原船繼續前行。六鎊半合華幣在百圓左右，為數不能算小，但同行的好幾位都覺得機會難得，不願錯過，我也覺得在小學時讀歷史，就看到書本上畫著埃及金字塔和人面獅身（Sphinx）的像，雖行囊慳澀，到此也硬著頭皮隨眾報名繳費。滿心以為四千年的勝蹟即在目前，不料二日下午得到取消的消息，雖省了百圓，卻感到無限的失望和惆悵，也許此生就永遠沒有第二次的機會，因為我回國時想走陸路。

八月三日下午六點鐘，船到蘇伊士城，僅停一小時，不靠岸，有幾隻送客登輪的小火輪和幾隻小船泊在佛爾第號的船旁，十幾個阿拉伯人爬上來兜售報紙、畫片及其他雜物，搭客都擁聚在甲板上購買，我也買了兩打關於開羅名勝及蘇伊士河的景物相片，寄給本刊。

記者此次雖很失望未曾到開羅去遊覽，但三日夜裡經過蘇伊士河的情形，卻給我以悠然意遠的印象。此時一輪明月高懸，蔚藍的青天淨潔得沒有絲毫的渣滓，清風吹來，爽人心脾，搭客們多聚在船頭特高的甲板上遠矚縱覽。只見船的兩邊都是一望無際的沙漠，右為亞洲，左為非洲，離船大都不過十幾尺或幾尺。船頭前排著兩盞好像巨眼的大電燈，射出耀目的光線，使前面若干距離內的河身好像一片晶瑩潔白的玉田。在狹隘的運河中特別顯得龐大的船身徐徐向前移進，假如不看前面而僅望左右，又恍若一輛奇大無比的汽車在廣闊無垠的沙漠上緩緩前駛似的。這夜記者在甲板上憑欄靜眺，直看到十二點鐘，才進到臥室裡去睡覺，在睡夢中還好像明月清風，隨我左右。

溝通紅海和地中海，縮短歐亞海行路線的這條蘇伊士運河，經法人雷賽布（Ferdinand de Lesseps）和無數工人十四年的辛勤勞力，中間戰勝過無數次的破壞和種種困難，才於一八六九年十一月十七日正式開幕，距記者於月夜靜寂中透過此河的今日，已六十四年了。這條運河長八十八里，闊從一百碼至一百七十五碼，原來估價需二萬萬法郎，後來用到四萬萬法郎，約等於一千四百萬金鎊，合現價在二萬萬圓以上了。一半資本在法國募得，其他一半幾全為當時埃及總督塞氏（Mohamed Said Pasha）所買，後來他把股子賣給英國政府，於是英政府在管理上便握有大權了。（當時塞氏贊助雷賽布的計劃甚力，現在蘇伊士河盡頭的塞得港，意即「塞氏港」，就是為紀念他而取名的。）

說到起意要建造蘇伊士運河的，頗有趣的是要輪到法國一世之雄的拿破崙（Napoleon Bonaparte）。他在一七九八年進攻埃及時，忽想到要造一條運河通紅海，便任命一個工程師名叫勒伯爾（Monsieur Lepere）的視察並報告研究的結果。這個工程師奉命執行了，他的報告雖承認這個計劃有種種的利益，但是宣言紅海和地中海的水面不平等，要在地中海沿岸築海港是一件不可能的事情，於是作罷。不料這就隱隱中種了今日蘇伊士河的種子。在此三十七年後（一八三六年）雷賽布被任為亞歷山卓（Alexandria）的代理領事，到該埠時，所乘的船因查疫停頓，搭客不得即行上岸，他於無聊中展閱朋友送給他的幾本書，裡面有一本是勒伯爾的筆記，竟引起他對建造這條運河的濃厚興趣，終靠他百折不回的努力，造成在亞歐航行上開闢新紀元的蘇伊士運河。

八月四日晨走完了蘇伊士河而達到塞得港。有半天的停泊，雖不靠岸，但意輪公司有小火輪運送搭客上岸及回船，也很便利。記者便和同行的張、周、郭、李諸君同上岸一遊。道路很平坦廣闊，房屋雖屬洋房式子，而且一來就是五六層，但在前面總是用木料造成突出的一部分，好像露臺似的，圍滿著各種花樣的窗戶。街上遇著的都是穿著長袍戴著和土耳其人一樣的帽子的男子，婦女除極少數穿西裝的以外，大多數是頭披黑紗，鼻以下部分也用黑紗圍著，額前還掛著一個黃色木製像小塔的裝飾品垂到鼻上。這也可見該處婦女解放還在什麼程度了。

我們參觀了一個回教教堂，裡面地上用草蓆鋪著，正殿用絨毯鋪著地，到門口時須在鞋上套著草包似的套鞋，才得進去。聽說一般人民每天須到各教堂洗手洗腳禱告五次。該教堂裡有個引導參觀的人，對我們大講教義，引到裡面一個狹弄裡的時候，向我們要錢，給一個先令，不肯休，加一個，才了事。我們都覺得雖聽他講了一些教義，卻被他敲了一個竹槓！在教堂裡最注目的，是那班禱告者跪在地上高舉兩手，用足勁兒向下拜的那副神氣。我們出門時望望腳上所套著的那雙草包式的套鞋，倒也覺得奇特，便用所帶的攝影機拍了兩張照。

我們五個人共乘著一輛馬車，做了一番馬路巡閱使（塞得港滿街馬車，汽車極少）。其實塞得港沒有什麼名勝可看，原也只有幾條街市供遊客兜幾個圈子。此外還值得一記的有兩件東西：一個是巍然屹立河邊的雷賽布的銅像，連座共高五十七尺；一個是一百八十四尺高的石造燈塔，夜裡每十秒鐘顯露強烈白光一次，在海上二十哩距離以內都看得見。

一九三三年八月五日，上午，佛爾第號船上。

月下中流—經蘇伊士河

海程結束

今天（八月六日）下午兩點鐘，佛爾第號可到義大利的布林迪西（Brindisi），算是到了義大利的第一商埠，明天中午可到該國名城威尼斯（Venice），那時記者離船上岸，此次近三萬里的海程便告一結束了。佛爾第號定於八月十二日由意開行，九月五日可到上海，記者的這篇通訊剛巧可由這同一的船寄加上海，這也是最迅速的一法。記者此次乘這只船出去，〈海程結束〉的這篇通訊又可乘這只船回來，可說是無意中的怪有趣的湊巧。

在這將要離船的前一天，我想把在船上的零星觀感隨便提出來談談。

記者過印度洋和阿拉伯海時，因遇著颶風，吃了幾天大苦頭，好像生了病一樣，對什麼都興味索然。自從八月一日以來，尤其是昨今兩天，氣候溫和，日露風清，船身平穩，我的腦部治安完全恢復，又活動起來了，對船上的各種人、各種事物，冷眼旁觀，也饒有趣味——船每到一埠，便有一批人離船登岸，同時又有一批人上來，好像實驗室裡用完了一批材料，時時有新材料加入供你放在顯微鏡下看看，或試驗管裡試試。

在船上可供你視察的，有各國各種人同時「陳列」著任你觀看。記者此次所遇著的除幾個同國人外，有義大利人、德國人、英國人、美國人、法國人、奧國人、荷蘭人、比利時人，印度人，乃至爪哇人、馬來人等等（不過日本人一個都沒有，有人說他們非本國的船不坐）。架子最大、神氣最足的要推英國人，他們最沉默、最富有不睬人的態度，無論是一個或是幾個英國人坐在一處，使你一望就知道他們是「大英帝國的大國民」！最會敷衍的要算美國人，總是嬉皮笑臉，充滿著幽默的態度。大概說起來，各國或各民族的人，或坐談，或用膳，都喜與本國或本種人在一起，這也許是由於語言風俗習慣的關係。在孟買下船後，來了幾十個印度籍的男女，大多數是天主教中人，赴羅馬朝見教皇去的。他們很少和西人聚談，有一邊的甲板上全被他們坐滿了，看過去就好像是印度區似的。裡面有好幾個「知識分子」，對記者談起被壓迫民族的苦痛，都很沉痛，每每這樣說道：「我們是在同樣的政治的船上啊！」（他們都是用英文和記者談，原句是：「We are in the same political boat!」）中國在實際上不是帝國主義的殖民地嗎？所以記者對他們這句話只有悲慨，沒有什麼反感。

談起船上的印度人，還有一件似乎小事而實含有重要意義的事情。在二等艙裡有三四個印度搭客（記者所乘的是「經濟二等」，略等於他船的三等，這是非正式的二等），都是在印度的大學畢業，往英國去留學的，有的是去學醫，有的是去學教育。他們裡面有一個在浴室裡洗浴剛才完了時，有一個英人搭客跑進來，滿臉的不高興，對著浴盆當面揶揄著說道：「牛肉茶！」（Beef-tea!）意思是譏誚印人的齷齪，其實就是存心侮蔑他。從此這幾個印人都不願到浴室裡去，但他們「飲泣吞聲」的苦味可以想見了！

據記者觀察所得，大概在東方有殖民地的西人，尤其是親身到過他們在東方殖民地的西人，對東方民族賤視得愈顯露。他們大概還把自己看作天人，把殖民地的土人看作螻蟻還不如！船上有一個在印度住了二十幾年的英國工程師，和記者有過一次談話，便把印度人臭罵得一錢不值。

有從爪哇赴歐的華僑某君，談及爪哇情形頗詳。爪哇荷人約二十萬人，華僑約三十萬人，土人有三千五百萬人，最有意思的是他說住在闊綽旅館的荷人，每人每日生活費需二十五盾（每盾合華幣二圓），而土人每日每人的生活費只需一角（十角一盾），這樣，一個荷人一日的生活費竟等於二百五十個土人一日的生活費了！又據說該地政府對於人口檢查最嚴的是知識分子和書籍，如果你是個什麼大學畢業生，那就必須關在拘留所裡經過一番詳慎的審問查究，尤其怕得厲害的是××主義，因為三千五百萬的土人如受了煽動，起來反抗，那還了得！他說最好你什麼書都不帶，只帶一本「聖經」，那就很受歡迎！這位僑胞自稱是個教徒，他這句話大概是含有讚美「聖經」的意味，但在我們看來，對於這樣獨受特別歡迎的「聖經」就不免感慨無窮了！

八月四日下午船由塞得港開行後，忽然增加了五百左右的男女青年，年齡自八歲至二十歲，女子約占兩百人，男女分開兩部分安頓。青年總是活動的，在甲板上叫囂奔跑，成群結隊的亂問著，好像無數的老鼠在「造反」，又好像泥堆上的無數螻蟻在奔走洶湧著。原來他們都是在埃及的各學校裡的義大利青年，是法西斯黨（National

Fascist Party）的青年黨員，同往羅馬去參加該黨十週年紀念的。男的都穿著黑衫，女的只穿白衫黑裙。這班男女青年的體格，大概都很健康，一隊一隊女的，胸部都有充分發達的表現，不像中國女子還多是一塊板壁似的，不過說到他們的真實信仰，卻不敢說。記者曾就他們裡面選幾個年齡較大的男青年談談，有的懂法文，有的懂英文，問他們是不是法西斯黨黨員，答說是；問他們什麼是法西斯主義（Fascism），答不出，不過他們都知道說墨索里尼（Mussolini）偉大；問他們為什麼偉大，也答不出，只有一個答說，因為只有墨索里尼能使義大利富強；我再問他為什麼，又答不出！其實法西斯主義究竟是什麼，就是它的老祖宗墨索里尼自己也不很了解，不能怪這班天真爛漫的青年。

一九三三年八月六日，上午，佛爾第號船上，七日到威尼斯付郵。

海程結束

威尼斯

八月六日下午四點鐘佛爾第號到義大利的東南海港布林迪西（Brindisi），這算是記者和歐洲的最初的晤面。該埠不過因水深可泊巨輪，沒有什麼勝蹟可看，船停僅兩小時，記者和幾位同行的朋友卻也上岸跑了不少的路。像樣的街道只有一條，其餘的多是小弄，在海邊上雖正在建築一個高大的紀念塔，但我們在街上所見的一般普通人民多衣服襤褸，差不多找不出一條端正的領帶來。我們穿過好幾處小弄，窮相更甚。有好幾處門口坐著一個老太婆，門內掛著花布的簾子，時有少婦半裸著上身探首簾外向客微笑，或曼聲高唱。她們用意所在，我們大概都可以猜到。

八月七日下午到世界名城之一的威尼斯。同行中有李汝亮君和郭汝桶君（都是廣州人）赴德留學，李君的哥哥李汝昭君原已在德國學醫，特乘暑假到威尼斯來接他的弟弟和他的老友郭君，並陪他們遊歷義大利。記者原也有遊歷義大利重要各地的意思，便和他們結作旅伴，同行中赴德學醫的周洪熙君（江蘇東臺人）聽說在八月底以前，義大利在羅馬舉行法西斯十週年紀念展覽會三個月，火車費可打三折，也欣然加人，於是我們這五個人便臨時成了一個小小的旅行團。到威尼斯時，李汝昭君已在碼頭相迎，我們便各人提著一個手提的小衣箱上岸，介紹之後，才知道李君的哥哥也是本刊的一位熱心讀者，這個小小的旅行團也可以說是一小部分的「《生活》讀者旅行團」了。我們先往一個旅館裡去過夜，兩李一郭住一個房間，記者同周君住一個房間，第一天便開始遊覽。有伴旅行，比單獨一人旅行，至少可多兩種優點：一是費用可以比較經濟；二是興味也可以比較濃厚。

在太平洋未取地中海的勢力而代之的時候，威尼斯實為東西商業貿易上最重要的一個城市，在世界史上出過很大的風頭，現在是義國的一個重要的商埠和海軍軍港，在港口禁止旅客攝影，同時也是歐美旅客麇集之地。該城不大，約二十五哩長，九哩寬。第一特點是河流之多，除少數的幾條街道外，簡直就把河當作街道，兩旁房屋的門口就是河，彷彿像漲了大水似的。中國的蘇州的河流也特多，有人把中國的蘇州來比威尼斯，其實蘇州的河流雖多，還不是一出門口就是河。以這小小的威尼斯，除有一條兩百尺左右闊的大運河（Canal Grande），像S字形似的貫穿全城外，布滿全城的還有一百五十條小運河，上面架著三百七十八條橋（大多數是石造的，下有圓門），我覺得這個城簡直就可稱為「水城」。除附近的一個小島麗都（Lido）上面有電車外，全城沒有一輛任何形式的車子，只有小艇和公共汽船。小艇好像端午節的龍船，兩頭向上翹，不過沒有那樣長，裡面有漆布的軟墊椅，可坐四個人至六個人，船後有一個搖槳，在水上來來去去，就好像陸地上的馬車。公共汽船的外形也好像上海馬路上的電車或公共汽車，船上的喇叭聲和上海的公共汽車的喇叭聲一樣。我們在畫片上所見的威尼斯的景象，往往是兩旁洋房夾著一條運河，上面架著一條圓門的橋，河上一個小艇在蕩漾著，這確是威尼斯很普遍的景象。

除許多運河外，有若干街道都是用長方形的石頭鋪成的，有的只有五尺寬，路倒鋪得很平，因為沒有任何車輛，所以石頭也不易損壞，在這樣的街道上接踵摩肩的男男女女，就只有兩腳車——步行——可用。街道雖窄，兩旁裝著大玻璃窗的種種商店卻很整潔。街上行人衣冠整潔的很多，和布林迪西的很不同。原來大多數都是由歐美各國來的遊客，尤其多的是來自號稱「金圓國」的闊佬。

威尼斯

威尼斯最使遊客留戀的是聖馬可廣場（Piazza di San Marco）和該場附近的宏麗的建築物。該廣場全系長方形的平滑的石頭鋪成的，有的地方用大理石，長有一百九十二碼，闊自六十一碼至九十碼，三面都有雄偉的皇宮包圍著，最下層都開滿了咖啡店和各種商店，東邊巍然屹立著聖馬可大教堂（Basilica di San Marco），內外只大理石的石柱就有五百餘根之多，建於第九世紀。該廣場上夜裡電燈輝煌，勝於白晝，遊客成群結隊，熱鬧異常。在聖馬可廣場附近的有總督宮（Palazzo Ducale）一座，亦建於第九世紀。宮前有大廣場，宮的對面咖啡館把籐製的椅桌數百只排在沿路，坐著觀覽的遊客無數。聖馬可大教堂的右邊有聖馬可鐘樓（Campanile di San Marco），三百二十五尺高，建於第九世紀末年。裡面設有電梯，登高一望，全城如在腳下。此外還到威尼斯城的東南一小島名麗都的看了一番，該處有世界著名的游泳場。游泳場後面的花草布置得非常美麗，游泳而出，在街上走的男女很多，女子多穿著大褲管的褲子，上面穿著薄的襯衫，有的就只掛著一條這樣的大褲子，上半身除掛褲的兩條帶子外，就老實赤膊，在街道上大搖大擺著，看上去好像她這條褲子都是很勉強掛著似的！

自然，這班男女並不是一般義大利人民，多是本國和歐美各國的少數特權階級，只有他們才有享用這樣生活的可能。該處既為有閒階級而設，講究的餐館和旅館的設備齊全，都是不消說的。

威尼斯的景物美吧？美！記者在下篇所要記的佛羅倫斯也有它的美，但這是義大利五六百年乃至千餘年前遺下的古董，我們還不能由此看出該國有何新的建設成績。我們在許多人讚美不置的威尼斯，關於大多數窮人的區域，也看了一番，和在布林迪西所見的也沒有什麼兩樣。記者於九日就離開威尼斯而到佛羅倫斯去。

一九三三年八月十一日，上午，在羅馬記。

威尼斯

佛羅倫斯

記者於八月九日午時由威尼斯上火車，下午五時三十七分才落千丈到充滿了古香古色的佛羅倫斯（Florence），為中部義大利最負盛名的一個城市。在中世紀羅馬方盛的時代，佛羅倫斯是它的主要的文化中心；義大利的語言、文學以及藝術，都在此地發達起來的。所以現在該處所遺存的無數的藝術作品和在與歷史發生聯繫的紀念建築物，其豐富為世界所少見，於是佛羅倫斯也成為吸引世界遊客的一個最有趣味的名城。

佛羅倫斯的雄偉的古建築和藝術品太多了，記者又愧非藝術家，沒有法子詳盡告訴諸友，對於藝術特有研究的朋友，最好自己能有機會到這種地方來看看。

記者在二十年前看到康有為著的《歐洲十一國遊記》的《義大利》一書，就看到他

佛羅倫斯

儘量讚歎義國的全部用大理石建造的大教堂。此次到佛羅倫斯才看到可以稱個「大」字的教堂（La Cattedrale di Santa Maria del Fiore），建於十三世紀，有五百五十四尺深，三百四十一尺闊，三百五十一尺高，門用古銅製成，牆和門都有名人的繪畫或雕刻，外面炎熱異常，走進去立成秋涼氣候。在那樣高大陰暗的大堂裡，人身頓覺小了許多。「大殿」上及許多「旁殿」上插著許多白色長蠟燭，燃著的卻是幾對燈光如豆的油燈。宗教往往利用偉大的建築來使人感到自身的微小，由此引起他對於宗教發生崇高無上的觀念，其實藝術自藝術，宗教自宗教，不能假借或混淆的。

在威尼斯和佛羅倫斯的較大的教堂前都懸有英、德、法、義四國文字的通告，列舉禁例。尤其有趣好笑的有關於婦女的，例如說凡是婦女所穿的衣服袖子在臂彎以上的不許進去，頸上露出兩寸以上肉體的不許進去，裙和衣服下端不長過膝的不許進去，衣服穿得透明的不許進去，大概所謂摩登女子到此都多少要發生了困難問題，這也許只好怪上帝不贊成摩登女子了！男子的禁例就只是要脫帽，自由得多。

在各教堂裡所見跪著禱告的不是老頭子，就是老太婆，找不出一個男青年或女青年，我覺得這是可以注意的一點。

佛羅倫斯的古氣磅礴的雄偉建築物，大概不是教堂，就是城堡。城堡都是用巨石築成，高四五層六七層不等，上面都有像城牆上的雉堞似的東西。有許多這樣的城堡都成了大商店，不過古氣磅礴的石牆仍保存著。此外有最大的城堡（Palazzo Vecchio），裡面藏著許多名油畫，牆上和天花板上都是。城堡內部的曲折廣深，尤令人想見最初建造時工程的浩大。這種封建時代的遺物，不知含著多少農奴的血汗！

十日午時離佛羅倫斯，乘火車向羅馬進發，直到夜裡十一點半才到目的地。因車上人擠，大家立了數小時。我們在佛羅倫斯參觀時都是按照地圖奔跑的，在火車上又立了數小時，都弄得筋疲力盡，同行的周君喃喃地說：「如再這樣接連跑，只有『蹺辮子』了！」「蹺辮子」不是好玩的！所以我們到羅馬後，決議第二天的上半天放假，使得恢復元氣後，下半天再開始奔跑。關於到羅馬後的記述也許可比這一篇較有意義些，當另文奉告，現在還有幾個雜感附在這裡。

（一）截至記者作此文時，遊了義國的四個地方，即布林迪西、威尼斯、佛羅倫斯和羅馬。不知怎的他們對於黃種人就那樣地感到奇異，走在街上，總是要對我們望幾眼，有的還竊竊私議，說我們是日本人，同行中有的聽了很生氣，但既不能對每人聲明，也只有聽了就算了。他們何以只想到日本而不會想到中國？有人說他們覺得所謂中國人，就只是流落在國外的衣服襤褸的中國小販，衣冠整潔的黃種人便都是日本人。這種老話，我在小學時代就聽見由外國留學的人回來說起，不料過了許多年，這個觀念仍然存在——倘若上面的揣測是不錯的話。但是我想倘若僅以衣服整潔替中國人爭氣，這也未免太微末了。

(二)義大利的婦女職業已較中國發達——雖則聽說比歐洲其他各國還遠不能及。在旅館裡，在飯館裡，在普通商店裡，職務由婦女擔任的很多。記者在威尼斯郵局寄信時，見全部職員都是女子擔任。她們大多數都是穿著黑色的外衣，領際用白色的鑲邊，都很整潔。旅館的「茶房」幾乎全是女子，有的是半老徐娘，有生得比較清秀的，看上去就好像女學生，每天客人出門後，她們就進房收拾，換置被單等物。

(三)記者所住過的幾個旅館，覺得和中國的旅館有一大異點，就是很安靜，沒有喧譁叫囂的情形。執事的人也很少，帳房間一兩個人，其餘就不大看見人影，就是電梯也可以由客人自開，像接電燈開關似的，要到第幾層就用手指按一按那個撲落，電梯就會自動開到那一層。就是各商店裡的夥計，人數也很少，不過一兩人，不像中國的商店，有許多往往像菩薩或羅漢似的一排一排列在櫃臺後面。其實這種異點，在上海中西人的商店裡已略可見到了。

一九三三年八月十二日，夜，記於羅馬。

巴黎的特徵

記者於八月二十三日夜裡由日內瓦到巴黎，提筆作此通訊時已是九月六日，整整過了兩個星期，在這時期內，一面自己補習法文（昨據新自蘇聯回巴黎的汪梧封君談，在蘇聯欲接近一般民眾，和他們談話，外國語以德語最便，其次法語，英語最難通行），一面冷靜觀察，並輾轉設法多和久住法國的朋友詳談，所得的印象和感想頗多，容當陸續整理報告。現在先談談巴黎的特徵。

講到巴黎的特徵，諸君也許就要很容易聯想到久聞大名的遍地的咖啡館和「現代劉姥姥」所宣傳的什麼「玻璃房子」。遍地的咖啡館確是巴黎社會的一個特徵，巴黎街上的人行道原來很闊，簡直和馬路一樣闊，咖啡館的椅桌就幾百只排在門口的人行道旁，占去人行道的一半，有的兩三張椅子圍著一只小桌子，有的三四張椅子圍著一只小桌子，一堆一堆的擺滿了街上。一到了華燈初上的時候，便男男女女的坐滿了人，同時人行道上也男男女女的熙來攘往，熱鬧異常，在表面上顯出一個繁華作樂的世界。在這裡可以看到形形式式的「曲線美」，可以看到男女旁若無人似的依偎蜜吻，可以看到男女旁若無人似的公開「吊膀子」。這種種行為，在我們初來的東方人看來，多少存著好奇心和注意的態度，但在他們已司空見慣，不但在咖啡館前，就在很熱鬧的街上，攬腰倚肩的男女邊走邊吻，旁人也都像沒有看見，就是看見了也熟視無睹。

但我們在「繁華作樂世界」的咖啡館前，也可以看見很悽慘的現象！例如衣服襤褸、蓬髮垢面的老年瞎子，手上揮著破帽，破喉嚨裡放出淒痛的嘎噪的歌聲，希望過路人給他幾個「生丁」（一個法郎等於一百生丁）；還有一面叫賣一面嘆氣的賣報老太婆，白髮癟嘴，老態龍鍾；還有無數花枝招展、擠眉弄眼向人勾搭的「野雞」。有一次記者和兩位朋友同在一個咖啡館前坐談，有一個「野雞」不知看中了我們裡面的哪一個，特在我們隔壁坐位上（另一桌旁）花了一個半法郎買了一杯飲料坐了好些時候，很對我們注視，後來看見我們沒有人睬她，她最後一著是故意走過我們桌旁，掉下了手巾，俯拾之際，回眸對我們嫣然一笑，並作媚態道晚安，我們仍是無意上鉤，她才嗒然若喪的走了。她這「嫣然一笑」中含著多少的淒楚苦淚啊！（不過法國的「野雞」卻是「自由」身體，沒有什麼老鴇跟隨著，可是在經濟壓迫下的所謂「自由」，其實質如何，也就不言而喻了！聽說失業無以為生的女工，也往往陷入這一途。）

至於「現代劉姥姥」所宣傳的「玻璃房子」，並不是有什麼用玻璃造成的房子，不過在有的公娼館裡，牆上多設備著鏡子，使幾十個赤裸裸的公娼混在裡面更熱鬧些罷了（因為在鏡子裡可顯出更多的人體）。據「老巴黎」的朋友所談的這班公娼的情形，也足以表現資本主義化的社會裡面的「事事商品化」的極致。這種公娼當然絕對沒有感情的可言，她就是一種「商品」，所看見的就只是「商品」的代價——金錢。有的論時間而計價錢，如半小時一小時之類，到了時間，你如果「不識相」，執事人竟可不客氣地來打你的門，不過有一點和「野雞」一樣，就是她們也是有著所謂「自由」身體，並沒有賣身或押身給「老鴇」的事情；可是也和「野雞」一樣，在經濟壓迫下的「自由」，其真義如何也可想見，在表面上雖似乎沒有什麼人迫她們賣淫，盡可以強說是她們「自由」賣淫，實際還不是受著壓迫——經濟壓迫——才幹的？這也便是偽民主政治下的借來作欺騙幌子的一種實例！世間變相「公娼」和「野雞」正多著哩！

巴黎的特徵

據在這裡曾經到過法國各處的朋友說，咖啡館和公娼館，各處都有，不過不及巴黎之為尤盛罷了。

記者因欲探悉法國的下層生活，曾和朋友於深夜裡在街道上做過幾次「巡閱使」，屢見有癟三式的人物，臂膊下面夾著一個龐大的枕頭，靜悄悄地東張西望著跑來跑去，原來這些都是失業的工人，無家可歸，往往就在路旁高枕而臥，遇著警察，還要受干涉，所以那樣慌慌張張似的。法國在各帝國主義的國家中，受世界經濟恐慌的影響，比較的還小，據我們所知道的，法國失業工人已達一百五十萬人，但法當局諱莫如深，卻說只有二十四萬人（勞工部最近公開發表註冊領救濟費者），最近頗從事於修理各處有關名勝的建築和機關的房屋，以及修理不必修的馬路等等，以期稍稍容納失業工人，希冀減少失業人數裝裝門面，但這種枝節辦法能收多大的效用，當然還是個問題。向政府註冊的失業工人每月原可得津貼三百法郎，合華幣六十圓左右，在中國度著極度窮苦生活的民眾看來，已覺不錯，但在生活程度比中國高的法國，這班工人又喜歡以大部分的收入用於喝酒，所以還是苦得很，而且領了若干時，當局認為時期頗久了，不管仍是失業，突然來一個通知，把津貼停止，那就更尷尬了。這失業問題，實是給帝國主義的國家「走投無路」的一件最麻煩的事情。

但是在法國卻也有它的優點，為產業和組織落後的殖民地化的國家所遠不及的，記者當另文敘述奉告。

一九三三年八月六日，晚，記於巴黎。

巴黎的特徵

瑕瑜互見的法國

資本主義的國家原含有種種內在的矛盾，它的破綻隨處可以看見，但是平心而論，它也有它的優點，不是生產落後、文化落後的殖民地化的國家所能望其項背的。例如記者現在所談到的法國，第一事使人感到的便是利用科學於交通上的效率。在法國凡是在五千戶以上的城市，都可由電車達到；在數小時內可使全國軍隊集中；巴黎的報紙在本日的午後即可布滿全國（關於法國報業的情形，當另文記之）；本國的信件，無論何處，當天可以達到；巴黎本市的快信，一小時內可以達到。巴黎的交通工具，除汽車、電車及公共汽車外，地道車的辦法，據說被公認為全世界地道車中的第一。這是研究市政的人告訴我的，我雖未曾乘過全世界的地道車，但據親歷的經驗，對於巴黎地道車辦理的周到，所給乘客的便利和工程的宏偉（有在地下挖至三層四層的地道，各層裡都有車走），覺得實在夠得上我們的驚嘆。

全巴黎原分為二十區（Arrondissement），有十三條的道地車滿布了這二十區的地下，成了一個很周密的地道網。你在許多街道上，常可看見路旁有個長方形的大地洞，寬約七、八尺，長約十二、三尺，三面有鐵欄杆圍著，一面有水門汀（Cement）造的石級下降，上面有紅燈寫著「Metro」（即「地道車」）的字樣，這就是表示你可以「鑽地洞」去乘地道車的地方。撐著紅燈的柱子上就掛有一個顏色分明、記載明晰的地道車地圖，你一看就知道依你所要到的地方，可由何處乘起，何處下車。走下了石級之後，便可見這種地下車站很寬大，電燈輝煌，有如白晝，牆壁都是用雪白的磁磚砌成的，你向售票處（都是用女子售票）買票後，有椅子備你坐著等車，其實不到五分鐘必有一列車來，你用不著怎樣等候的。這種地道車都是用電的，每到一列總是五輛比上海電車大半倍的車子，裡面都很整潔，中間一輛是頭等，外漆紅色，有漆布的彈簧椅，頭尾各二輛是普通的，外漆綠色，裡面布置相類，不過只是木椅罷了。

車站口有個地道車地圖，上面已說過。車站裡還有個相同的地圖，人車站所經過的路及轉角都有大塊藍色琺琅牌子高懸著，上面有白字的地名，你要由何處起乘車，即可照這牌子所示的方向走去上車。乘車到了那一站，也有好幾塊這樣的地名牌子高懸著給你看。在車裡面還有簡明的圖表高懸著，使你一看就知道所經過的各站及你所要到的目的地。他們設法指示乘客，可謂無微不至，所以除了瞎子和有神經病的先生們外，無論是如何的「阿木林」，沒有不能乘地道車的。有的地方達到目的地車站時，因「地洞」較深，怕乘客步行出「洞」麻煩，還有特備的大電梯送你上去。這種地道車有幾個很大的優點：

（一）車價便宜，頭等每人一個法郎十五生丁（法國一個法郎約合華幣二角，一個法郎分為一百生丁），普通的每人七十生丁，每晨在九時以前還可僅出八十五生丁買來回票（因此時為工人上工時間，特予優待）。

（二）買一次票後，只須不鑽出「地洞」之外，你在道地裡隨便乘車到多遠的地方都可以。

（三）各條道地縱橫交叉，你可以隨處換車，以達到你的目的地為止。因為車輛多，這種換車很迅速，不像在上海等電車，往往一等一刻鐘或半小時。我們做旅客的只要備有一小本地道車地圖，上面有各街道，有各條道地道車，「按圖索驥」，即路途不熟，什麼地方都可去得。記者在這裡就常以「阿木林」資格大「鑽地洞」，或訪問，或觀察，全靠這「地洞」幫忙（汽車用不起，電車、公共汽車價也較昂，且非「老巴黎」不敢乘）。

除交通便利外，關於一般市民享用的設備，有隨處可遇的公園，無論如何小的地方，都有花草和種種石像雕刻的點綴，使它具有園林之勝。馬路的廣闊坦平更不必說，像上海的大馬路，在巴黎隨處都是。此外如市辦的浴室，清潔價廉，每人進去買票只須一個法郎（另給酒錢約二十五生丁），就可使用一條很潔淨的浴巾（肥皂須自帶，臨買票時如買肥皂，五十生丁一小塊），被導入一個小小的浴室裡去洗蓮蓬浴。這種浴室雖有房間數十間，只樓下櫃臺上用一個女售賣員，樓上用一個男子照料，簡便得很。進去洗澡的男的女的都有。記者在巴黎洗的就是這樣簡易低廉的澡，因為我過不起闊老的生活。

當然，如作深一點的觀察，資本主義的社會裡常會拿這樣的小惠來和緩一般人民對於骨子裡還是剝削制度的感覺和痛恨，但比之連小惠都說不上的社會，當然又不同了。

其次是他們社會組織比較嚴密。每人一生出來就須在警局註冊，領得所謂「身分證」（Carte D'identité），以後每年須換一次，裡面詳載姓名、住址、父母姓名。本身職業及妻子（如有的話）等等情形，每人都須隨身帶著備查。每人的這種「身分證」都有三份，一份歸管理戶口的總機關保存（大概是內政部），一份歸本人保存，一份是流動的，就存在這個人所在地的警局裡，如遇有遷居，須報告警局在證上填註新址並蓋印。如遇有他往的時候，亦須先往該警局通知，由該警局把這份「身分證」寄往他所新遷的所在地的警局存查。外國人居留法國的，也須領有這種「身分證」。這樣一來，每人的職業及行動，都不能有所隱瞞，作奸犯科當然比較的不容易。在中國戶口的調查還馬馬虎虎，這種更嚴密的什麼「身分證」更不消說了。

不過從另一方面想來，這種嚴密的辦法，其結果究竟有利有害，也還要看用者為何類人。在極力掙扎維持現有的不合理的社會的統治者，反而可藉這樣嚴密的統治方法來苟延他們的殘喘。但是這是用者的不當，社會的嚴密組織的本身不是無可取的。

一九三三年九月十五日，夜，記於巴黎。

法國的農村

法國在世界大戰以前，原是偏重農業的國家，自世界大戰以後，利用賠款所得及所取得的各地的煤礦、鐵礦，對於工業才有比較激進的傾向，但是農業仍占很重要的位置，法國全國人口四千萬人裡面，仍有百分之四十，即一千六百萬人是從事農業的。記者原想到農村裡去看看，剛巧從前在義大利碼頭上走散的張心一君由德來法調查農村經濟，便於九月二十五日約同秦國獻君同到凡爾賽附近的一帶農村裡去跑了一個整天。張君從前在美國專研農村經濟，秦君在法國專研農村教育及農藝已有五年之久，記者此次觀察農村，有兩君做旅伴是再好沒有的了。

我們先在凡爾賽農業研究院（L'Institut national de la recherche agronomique）裡參觀了一番。該院由農部設立，研究結果即由農業局實施於各農村，院的周圍有八百畝地專供實驗之用。院長係著名的農業教授調任的，親出招待，說明頗為詳盡。其中最使我感覺興趣的是關於植物的病理研究，種種病狀的解剖圖形和模型，以及實驗室裡試驗管中的種種病態研究，都令我感到中國內地大多數人民的疾病受到科學的研究和衛護的，還遠不及這些生長在科學比較發達的地方的植物！

其次參觀的是國立格立農（Grignon）試驗場和附近的格立農國立農業專門學校（Ecole National d'agriculture）。該試驗場有一萬畝的田地供試驗之用，規模頗宏大，試驗結果也由農業局實行傳播於各處農村的實際工作上去。國立農業專門學校和這個試驗場都設在農村，其影響於農業的改進都很大。該校有百餘年的歷史，於農業發明上有特殊貢獻的教授，校裡都替他們鑄半身銅像，樹立於校園旁，以資紀念。這種在學術上有真切貢獻者的銅像，雖僅半身，卻有它的特殊的價值。該校設備也頗完備，對畜牧尤多注意，雖在暑假期中，所養畜的牛、羊、豬玀等等，仍看得到。牠們的食料，都有一定的配合，開成「菜單」懸掛著，和我們在大菜館裡所看見的大菜單相似，不過還要精密些，因為每種「菜」都註明份量。上海話罵人做「豬玀」，聽的人大概沒有不勃然憤怒的，但是這裡的「豬玀」都有合於科學方法的「菜單」，不能不說是「豬玀」裡面也有闊綽的了！

法國農村的組織是以「村」為單位，他們叫做「Commune」，每村有村議會，由村議會選出「村長」（Maire）。四千萬人口的法國，有五萬餘村長，平均每八百人便有一個村長。這種村長是沒有薪水的，由原有職業的人兼任。村長之下，由農村小學的校長任書記（也可譯為「幹事」），農村小學同時也就是「村政府」所在，書記有相當的薪俸。這樣一來，農村小學很自然成為農村裡的重要的中心，農村小學和農村社會也很自然發生了密切的關係。人口比較少的地方，農村小學就只夫婦兩人擔任，夫教男生，婦教女生，成為夫婦學校。後期小學裡農藝新知識的灌輸，則由農業局聘任專門教員到各村輪流施教。這種「村政府」所管的事情，是關於戶籍（人口登記）、土地登記及表冊、人事（如村民結婚時證婚，喪事須請村政府派人視察，兒童產生須報告登記等）、交通（如道路、郵電等）、教育（一部分經費由國家供給）、救濟事務（如救濟失業及其他慈善事業等），並有警察權。他們因一般人民的教育程度已比較的高，辦事易有軌道可循，所以事務簡單，除少數人口特多的地方，都不過有這樣簡單的組織。這種「村長」有一定的職權，雖區長有監督之權，卻不能像中國區長之徒為官僚的爪牙，以在鄉間刮地皮為天職，因為他們的村民監督得也很厲害。

法國的農村

法國的鄉村無論怎樣小，都有一個郵局，兼理電報和一個公用的電話，小的地方往往郵政局長同時就是郵差。他們的農村裡面也有平坦的馬路，也有電車，走的次數雖不及城市的多，大概是因為需要上不同的緣故。

中國的農村有茶館，法國的小小農村裡也有咖啡館，規模當然比城市的簡陋得多，只是一個小房間，裡面放著幾張桌子，幾張椅子圍著，可是也有白的臺布，也還比較地乾淨，櫃臺上一個中年婦人也還裝飾得乾乾淨淨（指記者所進去過的一個農村咖啡館而言）。記者和張、秦兩君因為走得乏了，就也到這樣的一個農村咖啡館裡去坐坐，另有農村的風味。張、秦兩君大談其中國農村問題，我除旁聽高論外，常溜著我的眼珠旁觀咖啡館的周圍和其中的鄉間人物。

我們跑來跑去，看了所謂「村政府」——農村小學——之後，天漸漸黑暗起來了，繼之以大雨，我們三個人在草原上、森林間逃難似的大踏步跑著。張君說這是法國的鄉間，如在中國，也許我們的皮鞋上已踏得滿鞋的泥漿了！最後由秦君引到一個他從前認識的農家裡，一對老夫婦，一個十六、七歲的兒子，他們「舊雨重逢」，倒也談笑甚歡。那個女主人徐娘半老，風韻猶存，拿著一瓶酒和幾個玻璃杯出來，放在桌上，老不開瓶倒酒，我們在旁倒想快些喝幾口以消冷氣！後來秦君在皮包裏挖了半天，挖出一小包信封裝好的中國茶葉送他們，那老頭子才似乎受了什麼靈感似的，趕速到桌旁把酒瓶開起來，我想這也是所謂禮尚往來吧。我們坐了一會，雨已停，便仍踏著溼的道路，於夜色蒼茫中跑了許多時候，才乘火車回到巴黎。

法國的農村土地已漸集中於大地主之手。受著世界不景氣的影響，已漸有失業的，尤其是酒業，法國的中部及南部的農家，幾乎家家種葡萄，葡萄酒為重要農產品，從前運銷各國，現在賣不出去，陷入很困難的境地了。

一九三三年九月二十九日，記於巴黎。

法國的農村

在法的青田人

關於在歐洲的中國的浙江青田人，記者在瑞士所發的通訊裡，已略有談及，到法後所知道的情形更比較詳細。這班可憐蟲的含辛茹苦的能力，頗足以代表中國人的特性的特徵！而眼光淺近，處於被侮辱和可憐的地位，其情形也不亞於一般的中國人。我每想到這幾點，便不禁發生無限的悲感。

據熟悉青田人到歐「掌故」的朋友談起，最初約在前清光緒末年，有青田人某甲因窮苦不堪（青田縣為浙江最苦的一個區域，人民多數連米飯都沒得吃），忽異想天開，帶著一擔青田所僅有的特產青田石，由溫州海口而飄流至上海，想賺到幾個錢以維持生活，結果很不得意，不知怎的竟得由上海飄流到歐洲來，便在初到的埠頭上的道路旁，把所帶的青田石雕成的形形式式的東西排列出來。歐人看見這樣從未看見過的東西，有的也被喚起了好奇心，問他多少價錢，某甲對外國話當然是一竅不通，只舉出幾個手指來示意，這就含混得厲害了！有時舉出兩個手指來，在他也許是要索價兩毛錢，而「阿木林」的外國人也許就給他兩塊錢。這樣一來，他便不久發了小財。這個消息漸漸傳到了他的本鄉，說貧無立錐之地的某某，居然到海外發了洋財了，於是陸續陸續冒險出洋的漸多，不到十年，竟布滿了全歐！最多的時候有三、四萬人，現在也還有兩萬人左右，在巴黎一地就近兩千人。洋鬼子最初雖不注意青田石的這項生意，而且是神不知鬼不覺的漏進來的，沒有什麼捐稅，

中國的青田人才得從中取些小利，後來漸漸知道源源而來，便加上捐稅，聽天由命的中國人在這方面的生意經便告中斷，但人卻來了，自問回中國去還更苦，於是便以各種各色的小販為生。他們生活的儉苦，實在是歐洲人所莫名其妙，認為是非人類所辦得到的！現在巴黎的里昂車站（Gare de Lyon）的附近有幾條齷齪卑陋的小巷，便是他們業集之處。往往合租一個大房間，中間擺一張小桌子，其餘的地板上就是鋪滿著的地鋪。窮苦和齷齪往往是結不解緣的好朋友，這班苦人兒生活的齷齪，衣服的襤褸，是無足怪的，於是這些地方的法國人便都避之若蛇蠍，結果成了法國的「唐人街」，法國人想到中國人，便以這班窮苦齷齪、過著非人生活的中國人做代表！

有人怪這班鳩形鵠面的青田小販侮辱國體，但是我們平心而論，若中國國內不是有層出不窮的軍閥官僚繼續勇猛的幹著「侮辱國體」的勾當，使民不聊生，情願千辛萬苦逃到海外，受盡他人的蹂躪侮辱，這班小百姓也何樂而為此呢？他們這班小販這樣說，每日提箱奔跑叫賣，只須賺得到一個法郎（就法國說），就是等於中國的兩毛錢，每月即等於中國的六塊錢，倘能賺得到三個法郎，每月即有十八圓，這在他們本鄉青田固不必想，即在今日的中國，在他們這樣的人，也談何容易！所以他們情願受盡外人的踐踏侮辱，都飲泣吞聲的活著，因為他們除此以外更想不到什麼活路啊！

在巴黎的青田小販所以會業集於里昂車站的附近，還有一個理由：因為他們大多是由海船來的，由馬賽上岸到巴黎，這是必經的車站。這班人由中國出來，當然沒有充足的盤川，都是拚著命出來的，到了馬賽，往往腰包就要空了，盡其所有，乘車到里昂車站，到了之後是一個道地十足的光棍，空空如也，在馬路上東張西望，便有先到的青田人（他們也有相當的組織）來招待他去暫住在青田人辦的小客棧裡，青田小販裡面也有發小財的移的有二、三十萬的家資），便僱用這種人去做小販，他便從中取利。所以在這極艱苦的事情裡面，也還不免有剝削制度的存在！這種小販教育程度當然無可言，不懂話（指當地的外國語），不識字，不知道警察所的規章，動輒被外國的警察驅逐毒打，他們受著痛苦，還莫名其妙！當然更說不到有誰出來說話，有誰出來保護！嗚呼中國人！這是犬馬不如的中國人啊！

這班青田人幹著牛馬的工作，過著犬馬不如的非人的生活，但是人總是人，疲頓勞苦之後也不免想到鬆動鬆動的娛樂。巴黎是有名的供人娛樂的地方，但在這班小販同胞們，程度絕夠不上，無論咖啡館也罷，跳舞場也罷，乃至公娼館也罷，他們絕沒有膽量進去問津，於是他們裡面比較有錢的人便獨出心裁，開辦賭場，打麻將抽頭，精神上無出路的小販們便都聚精會神於賭博，白天做牛馬，夜裡便聚起來大賭而特賭，將血汗得來的一些些金錢都貢獻給抽頭的老闆們！這幾個開賭場的老闆們腰包裡豐富了，便大玩其法國女人，一個人可包幾個女人玩。最後的結果是小販們千辛萬苦賺得的一些血汗錢仍這樣間接奉還大法蘭西！

這班可憐蟲過的是不如犬馬的生活，同時也是盲目的生活、無知的生活。往往因為極小的事情，彼此打得頭破血流！前幾個月裡有因賭博時五十生丁（約等中國的一角錢）問題的極小事故，兩個人大打其架，不但打得頭破血流，竟把一個人打死了！

法國警察發現了這個命案，當然要抓人，聽說這個「打手」在同鄉私店裡多方躲藏，至今尚未抓到。

這班青田人有的由海船不知費了多少手續偷來的，有的甚至由西伯利亞那面走得來的，就好的意義說，這不能說他們沒有冒險的精神，更不能說他們沒有忍苦耐勞的精神，但是有這樣的精神而卻始終不免於「犬馬」的地位，這裡面的根本原因何在，實在值得我們的深刻的思考。

一九三三年九月二十九日，記於巴黎。

在法的青田人

由巴黎到倫敦

記者提筆寫這篇通訊的時候，到倫敦已有一個多月了，因為預計所已寄出的文稿，還可供《生活》許多時候繼續的登載，所以到今天才動手續寫通訊，但這一個多月的時間卻也支配得很忙。大概上半天都用於閱覽英國的十多種重要的日報和幾種重要的雜誌，下半天多用於參觀，或就所欲查詢的問題和所約的專家談話，晚間或看有關所查詢問題的書籍，或赴各種演講會（去聽不是去講），或約報館主筆談話，或參觀報館夜間全部工作，每天從床鋪上爬起來，就這樣眼忙、耳忙、嘴忙，忙個整天。

記者係於九月三十日上午十點鐘由巴黎動身，當日下午四點五十五分到倫敦。由巴黎到倫敦須渡英吉利海峽（English Channel），原有四條路線可走，而以走加萊（Calais）和杜佛（Dover）一條路線，所經海峽距離最短。記者在事前就聽見朋友說起，經過英吉利海峽雖為時僅兩小時左右，但風浪極大，無論怎樣富於旅行經驗的人，卻不得不吃些苦頭。記者因怕暈船，不必要的苦頭可免則免，所以就選走這條海峽距離最短的路——先由巴黎乘火車到加萊（法境），由該處離火車乘輪渡海峽，達杜佛（英境），然後再乘火車到倫敦。到通濟隆買票的時候，才知道要走這條路，由巴黎到加萊的火車只有頭二等，沒有三等，這個竹槓只得讓他們敲一下了。輪上，因預得朋友的警告，說三等暈得更厲害，千萬要坐二等，我也只得照辦，不過從杜佛到倫敦的一段火車卻仍坐了三等。

下午兩點鐘開始渡海峽，一到船上，烏雲密布，凜風吹來，氣候就特別冷起來，許多男女老幼搭客身上都穿了冬天厚呢大衣，我卻只穿了一件春季夾大衣，可是此時滿心準備著大嘗一番暈船苦楚，危坐待變身上雖似乎有些發抖，卻不覺得怎樣冷。船上原有大菜間供搭客們吃中飯，但一則因為這種地方價錢都特別昂貴，二則因為準備暈船，不宜果腹，所以我便打定主意叫自己的肚子餓一頓。記者餓著肚子坐著待變的時候，一面縱覽同船的許多老的、少的、男的、女的，形形式式的搭客；一面卻另有一種感觸，覺得我所以肯、所以能不怕怎樣大的風浪在前面，都鼓著勇氣前進，只有應付的態度，沒有畏避的態度，就只因為我已看定了目的地——所要達到的明確的對象——又看定了所要經的路線。此事雖小，可以喻大。

但是事情卻出乎意料之外！我睜著眼巴巴望著海面，準備著狂風怒濤的奔臨，卻始終未來。等到船將靠岸，隨著大眾從第二層甲板跑到最高一層甲板時，大風驟作，有許多太太小姐們的裙子隨著大衣的衣裾被風吹得向上紛飛，她們都在狂笑中用手緊緊拉著，一不留神，大腿和臀部都得公開一下，引得大家哄笑。還有許多「紳士」們的帽子也被大風吹得滿地（甲板上）滾，搭客們就這樣笑做一團，紛紛上岸。

由瑞士到法國時，火車駛入法境後，僅由法國海關人員在火車上略為翻看搭客的箱子（火車同時仍在繼續前行），此次由法到英，上岸後卻須到海關受一番盤查。他們把本國人（英）和外國人分做兩起，經兩個地方出入。凡是本國人，只須看一看護照就放過。一大堆外國人（其中以法國人占多數，中國人就只記者一人）便須於呈驗護照後，由海關人員十幾人各在一張桌旁，向客人分別查問。有個海關人員問到記者時，問我來英國幹什麼，我說我是個新聞記者，現在歐洲旅行考察。他很鄭重地問：「你不是來找事做的嗎？」我開玩笑地答他道：「我是來用錢，不是來賺錢的！」他聽了笑起來，問我錢在哪裡，我剛巧在衣袋裡有一張匯票，便很省便地隨手取出給他看一看，他沒有話說，只說如在英居住過了三個月，須到警察局登記，說完就在我的護照上蓋一個戳子。後來我仔細看一下，才知道這戳子上面還鄭重註明：「准許上岸的條件，拿此護照的人在英國境內不得就任何職業，無論有薪的，或是無薪的。」總之他們總怕外國人來和他們搶飯吃就是了——這大概也是他們失業恐慌尖銳化的一種表現。

離了海關，提著衣箱趕上火車，於擁擠著的人群中勉強找得一個座位，便向倫敦開駛。英國火車的三等比義大利的好得多了，六個人一個房間，有厚絨的椅子，椅下還有彈簧，中國火車的二等還比他們不上，三等更不消說了。車行不久後，天氣放晴，氣候也和暖起來了，向左右窗外看看，鄉間房屋多美麗整潔，比法國的鄉間好，和在瑞士鄉間所見的彷彿。途徑一個很大的墓地，幾百個十字架式的墓碑湧現於鮮花青草間，異常清麗，但見東一個西一個婦女穿著黑衣垂首跪在碑前，想像她們不知灑了多少傷心淚！

到後因已承朋友先為租好了一個人家的房間，便搬進去住。倫敦的街道，大街固然廣闊平坦，就是住宅區的比較小的街道，也都是像上海靜安寺路或霞飛路那一樣的光滑、平坦、整潔。住宅大都三層樓，門口都是有餘地種些花草。記者所租的房間，也在這樣狀況中的一所屋裡。這種一般的小住宅，裡面大都設備得很整潔講究，在馬路上就看得見華美的窗帷，不但房裡有花絨地毯，就是樓梯上也都鋪有草絨地毯。抽水馬桶和自來水浴室也都有。房裡都有厚絨沙發可坐。除東倫敦的貧民窟外，這可算是一般人民水平線以上的普通生活，這當然不是上海鴿子籠式房屋的生活所可同日而語了，至於連鴿子籠式房屋還沒得住的人，那當然更不消說。不過記者在倫敦現在所住的這個屋子，卻有些特殊的情形，這些未嘗不是英國社會一部分的寫真，下次再說。

一九三三年十一月五日，倫敦。

由巴黎到倫敦

華美窗帷的後面

記者上次曾經談起倫敦一般居民的住宅，除貧民窟的區域外，都設備得很清潔講究，在馬路上就望得見華美的窗帷。但在這華美窗帷的後面究竟怎樣，卻也不能一概而論。像記者現在所住的這個屋子，從外面看起來，也是沿著一條很清潔平坦的馬路和行人道，三層洋房的玲瓏雅緻，也不殊於這裡其他一般的住宅，華美的窗帷也儼然在望，但是這裡面的主人卻是一個天天在孤獨勞苦中掙扎生活著的六十六歲的老太婆！她的丈夫原做小學教員，三十年前就因發神經病，一直關在瘋人院裡，她有兩個兒子，一個女兒。大兒子二十歲的時候就送命於世界大戰，第二個兒子也因在大戰中受了毒氣，拖著病也於前兩年死去了，女兒嫁給一個做鐘錶店夥計的男子，勉強過得去，於是這個老太婆就剩著一個孤苦零件的光棍。這個屋子她租了二十年，房屋依然，而前後判若兩個世界。她還得做二房東以勉強維持自己的生活，租了六個房客

（中國房客就只記者一個），因租稅的繁重，收入僅僅足以勉強餬口。每天要打掃，要替房客整理房間，要替各個房客預備湯水及早餐，整天看見她忙得什麼似的。她每和記者提起她的兒子，就老淚橫流，她只知道盲目怨哀，她的兒子給什麼犧牲掉，她當然不知道。處於她這樣前後恍然兩世的環境中，在意志薄弱的人恐怕有些支持不住，而她卻仍能那樣勤苦的活下去，我每看到這老太婆的掙扎生活，便覺得增加了不少對付困難環境的勇氣。

房客來去當然是不能十分固定的，遇有房客退出，她的租稅仍然是要照繳的，於是又增加了她的一種愁慮。記者搬入居住的時候，她再三鄭重的說，如果住得久，她要把沙發修好，要換過一個鐘，我聽了也不在意。第二天偶然移動那張老態龍鍾的唯一的長形大沙發，才知道不僅彈簧七上八下，而且實際僅剩下三只腳，有一只腳是用著幾塊磚頭墊著的，至於那個鐘，一天到晚永遠指著九點半！地上鋪著的絨地毯也患著禿頭或瘌痢頭的毛病。她三番四次問我住得怎樣，提心吊膽怕我搬家，我原是只住幾個月，便馬馬虎虎，叫她放心。至今那張老資格的沙發還是三只腳，那個鐘還是一天到晚九點半！她往往忙不過來，索性把我的房間打掃整理暫時取消，我一天到晚忙著自己的事情，沒有工夫顧問，也不忍多所顧問。有一次有一位中國朋友來訪我，剛巧我不在家，她對這位朋友把我稱讚得好得異乎尋常，說她的屋子從來沒有租給過中國人，這是第一次，現在才知道中國人這樣的。後來這位朋友很驚奇地把這些話告訴我，我笑說沒有別的，就只馬虎得好！這幾天有一個房客退租了，她便著了慌，屢次問我有沒有朋友可以介紹。（這位老太婆怪頑固，不肯租給婦女，說不願男女混雜，並說向來不許有「女朋友」來過夜。）在資本主義發達特甚的社會裡，最注重的是金錢關係，一分價錢一分貨，感情是降到了零度，沒得可說的。

我曾問她為什麼不和女兒同住，免得這樣孤寂勞苦，她說如果她有錢，盡可和女兒同住，一切關於她的費用，可由她照付，如今窮得要依靠女婿生活，徒然破壞女兒夫婦間的快樂，所以不願。在現社會裡，金錢往往成為真正情義的障礙物。

附近有個女孩子，十四歲，她的父親是在煤炭業裡做夥計的，平日到義務學校就學，每遇星期六及星期日便來幫這老太婆掃抹樓梯及做其他雜務，所得的酬報是吃一頓飯，取得一兩個先令。人雖長得好像中國十六、七歲的女子那樣大，但因貧困的結果，面色黃而蒼白，形容枯槁，衣服單薄而破舊。她每次見到記者，便很客氣地道早安，我每看到她那樣的可憐狀態，未嘗不暗嘆這也是所謂「大英帝國」的一個國民！

當然，記者並不是說這一家「華美窗帷的後面」情形便足以概括一般的情況，不過在社會裡的這一類的苦況，很足以引起特殊的注意，尤其是在經濟恐慌和失業問題鬧得一天緊張一天以後。由此又令我聯想到另一件事。前天我在倫敦的一個中國菜館裡請一位朋友同吃晚飯，談得頗晚，客人漸稀，不久有一個妙齡英國女子進來，坐在另一桌上，金髮碧眼，笑面迎人，沉靜而端莊，裝束也頗樸素而淡雅，從表面看去，似乎無從疑心她不是「良家婦女」，但這位朋友卻知道她的身世淒涼，因受經濟壓迫而不得不以「皮肉」做「生產工具」。

我為好奇心所動，就請認識她的這位朋友把她請過來，請她同吃一頓飯，乘便詳詢她的身世，才知道她的父親也是參加世界大戰而送命的，母親再嫁，她自己人中學二年後，便因經濟關係而離校自食其力，在一個藥房裡的藥劑師處當助手，做了兩年，對此業頗具經驗，但後來因受不景氣的影響，便失業了。忍了許多時候的苦，才在一個商店裡找到一個包裹貨品的職務，小心謹慎地幹著，不久又因經濟恐慌而被裁，於是便加人失業隊伍裡面去了。多方設法，無路可走，除求死外，只得幹不願幹的事情。她此時雖在幹不願幹的事情，但因青春美貌還能動人，所以對「男朋友」還能作嚴格的選擇。我說，青春易逝，美貌不留，不可不作將來打算，不擇人而嫁，便須極力尋業。她說，嫁人不能隨便在街上拉一個，很不容易，尋業已想盡方法，無可如何，並說比她更苦的女子還多著哩，有不少女子終夜在街上立著候人，直到天亮無所獲而垂頭喪氣，甚至涕淚交流的，所在多有。據記者所見，她的話並非虛偽的。平日我夜裡十點後總不出外，最近因參觀幾個大規模的報館，往往深夜始歸，那樣遲的時候，公共汽車及地道車都沒有了，零租汽車又貴得厲害，只得跑腿，上月三十日夜裡參觀泰晤士報館（《The Times》），走過日間很鬧熱的大街叫做「Charing Cross」的時候，已在夜裡兩點鐘後，果見兩旁行人道上，每隔幾家店門便有女子直立著等候什麼似的，因怕警察干涉，僅敢對你做媚眼，或輕聲低語，這類「站班小姐」大概都比較的年大而貌不揚，找不到「朋友」，只有「站班」的資格了！

一九三三年十一月八日，晚，倫敦。

曼徹斯特

記者於十一月二十七日上午十點三十分鐘，由倫敦乘火車赴曼徹斯特，下午兩點十分鐘到。此行所得關於《曼徹斯特導報》的材料，上節通訊裡已述及，現在要略談關於其他的見聞。

我們要感覺到曼徹斯特對於英國的重要，只要想到英國的經濟幾全靠工業製造品的出口。棉織物向居英國工業製造品的第一位，在大戰前，英國棉織物的出口貨，實占該國全部出口貨總價值中的三分之一，大戰後雖銳減，仍占四分之一。我們知道這棉織物所自產造的大本營是在蘭開夏（Lancashire），而曼徹斯特卻為蘭開夏該業的最重要的中心地點。在大戰前，可以說世界各市場的棉織物進口貨，全部中的四分之三是由曼徹斯特的公司輸運出來的；在大戰後，關於棉織物的國際貿易，也還有二分之一是操於曼徹斯特該業中人的手裡。英國在大戰前成為「一世之雄」——世界上最

曼徹斯特

富強的國家——就經濟方面說，大部分靠它的出口貿易，出口貨的大宗是棉織物，而曼徹斯特卻是英國製造棉織物的中心區域。曼徹斯特和英帝國主義的繁榮，和英帝國主義對殖民地及半殖民地的經濟侵略，其中密切的關係，於此可見。

但是現在卻到了倒楣的時代！視作靠山的出口貿易自一九二九年世界經濟恐慌以來，已越縮越少，縮到不及從前的三分之一了。占著出口貨大宗的棉織物當然隨著一同倒楣，加以日本在這方面的激烈競爭，日帝國主義和英帝國主義大搶市場，更使這只「壯牛」（John Bull）走投無路。東洋貨最凶的是價錢便宜，例如一件布的襯衫，在英國即工資不算，運輸和經商的費也不算，成本至少須一個先令六便士（普通售價每件約在五先令左右），而日本貨的布襯衫卻能在英國市場上每件售價一個先令！所以即在英國直接的殖民地如香港，日本貨的進口在一九三二年值七十餘萬鎊（£737,088），一九三三年僅開始八個月內，竟增至一百萬鎊以上（£1,107,229）；又如在印度，日本貨的進口在一九三二年值八百餘萬鎊（£8,883,178），一九三三年僅開始八個月內，竟增至一千萬鎊以上（£10,448,081）！這裡面棉織物當然也是大宗，弄得蘭開夏的棉織工廠停工的停工，倒閉的倒閉，叫苦連天！帝國主義互爭市場的把戲，正在鉤心鬥角一幕又一幕演著，愈演愈尖銳化！

曼徹斯特雖在倒楣的時代，但仍然是煙霧彌天，加以天天是烏雲密布著，無時不是黃昏的模樣。由工廠的煙囪裡出來的煙還不夠，街上還有一種舊式的汽車，不用汽油而是燒煤的（大多數是運貨車），上面也有個小煙囪，在街上來來往往大放其煙灰。我每出門一次回到旅館裡，或僅出門走了幾步路，用手巾向臉上一擦，或鼻孔裡一抹，總是黑化。住這工業區的人民，煙灰想總吃得不少。但街市熱鬧，商店裝演美麗，交通便利，馬路平闊，男女熙來攘往，卻不失其為大城市的氣概。

記者住在一個小旅館裡，房間約有二三十間，最下層有頗舒適的公共寫字間和餐室。旅館雖小，卻非常清潔，樓梯和地上都鋪著花絨地毯。裡面除一個老闆和一個老闆娘外，就只有兩個青年女侍者，雖僅穿著藍布的罩衫，白布的圓領和胸前的圍巾，但美慧天成，令人愉悅。可是一天忙到晚，我看什麼事都是她們倆幹著，早晨六、七點鐘就聽見她們的迅捷的足聲在房門外響著，直到夜裡十一點鐘以後才得休息，而那對主人卻終日閒暇著。有一次剛巧只我一個人在公共寫字向主的高擊火爐前看報，這兩個女侍者裡面有一個進來替火爐加煤，我乘便問她星期日也略能得到休息的時候嗎？她呶著嘴說也是一樣的一天忙到晚，說完後嫣然一笑，回轉身又匆匆忙忙去幹著別的工作了。就在這小小的一個旅館裡，有資產者和僅靠勞動力以求生者，便截然分明，使人感到勞逸的不均，人生的不平。

到的那天，有位在曼徹斯特的朋友楊君知道我來，特從倫敦買到幾樣中國菜的料子，預備約中國學生某君燒幾樣中國菜來吃晚飯，不料某君不在家，他忽想起有個他所熟悉的業洗衣作的華僑某甲也是燒中國菜的能手，便同去找他，就在他店裡同吃晚飯，帶來的幾樣菜就請他一手包辦。這個小小的一家洗衣作，某甲是老闆，這家店就是他的產業，年逾半百，人很老實，不過生得奇醜，還有個中國夥計，看上去很像鴉片鬼。此外還有一個五十來歲的英籍老太婆和她的一個生得可算健美的女兒，年約二十左右，腹部已膨脹，聽說已有了三個月的身孕。

這老太婆很健談，和我談了許多關於英國的家庭習俗，特別注意錢的重要！後來聽楊君說，才知道她的女兒不久以前已嫁給這個洗衣作老板某甲，這老太婆就靠這女兒吃著不盡，這也許是她對於「錢的重要」的一種表現吧。兩女四男同桌吃了一頓。席中老太婆、楊君和我，話最多，某甲和夥計因只會說廣東話，變腔的英語也說不到幾句，所以只儘量的喝酒吃菜。那個年輕女子雖偶爾說話，但大部分時間都靜默著，好像在想著無限心事似的。飯後和楊君在途中時，我說菜的味道很好，不過看著那個滿腔心事的年輕女子，不知怎的心裡始終感到有些怏怏不樂。其實這也是舊社會制度裡的常有現象，像中國某「要人」，年逾半百，聽說潛伏梅毒已到了第三期（比較起來，那位勤苦老實的某甲好得多了），還娶了年輕貌美的大學女生。這女生的家屬還在事前千方百計地慫恿她出嫁，因為高攀了貴戚，全家從此可以不愁不「雞犬升天」了！這算是舊社會制度裡的婚姻自由！

一九三三年十二月三十一日，倫敦。

曼徹斯特

利物浦

英國棉織業大本營的蘭開夏有兩個最著名的城市：一個是曼徹斯特，記者在上次通訊裡已略述梗概了；還有一個是利物浦（Liverpool），在蘭開夏西南沿海的一個船業中心，有英國的「西方門戶」之稱。該埠沿岸接連著的船埠達六哩半之遠，港內水面積有四百七十五畝之廣，無論怎樣大的輪船都能靠岸。英國進口貨的四分之一和出口貨的五分之二，都經過利物浦。該埠除在運輸上占重要地位外，最重要的工業是造船，故大規模的船塢，連綿數里，坐著架空的電氣火車，沿船埠兜了好半天，還看不完。但是英國的出口貿易，既跟著世界經濟恐慌而踏上了倒楣之路，運輸業當然隨著一同倒楣。曼徹斯特到了倒楣時代，利物浦也不得不到了倒楣時代。繁榮時代，規模越大越煊赫；倒楣時代，規模越大越糟糕，越難收拾。在一九三三年的一年中，造船業工人有一半以上失業；船埠工人及水手有三分之一以上失業，形勢嚴重，可以想見。

記者於十一月三十日上午十一點三十分鐘由曼徹斯特乘火車動身，下午兩點十分鐘到利物浦。市面蕭條，較曼徹斯特露骨得多。在利物浦大學地理學院肄業的朋友涂長望君（《生活》的讀者）到車站來照拂，並承他陪伴了兩天，誠摯可感。記者此次出國最感愉快的是藉著《生活》的媒介，遇著許多有志的青年朋友，涂君也是其一。我們雖未曾謀面過，但卻是一見如故，快慰平生，因為我們在精神上都早成了好友。涂君說利物浦大學地理學院教授（兼院長）羅士培（Prof. Percy M.Roxby）對中國非常表同情，叫我去談談。當天下午四時左右便同往，將近該校和進了該校的時候，陸陸續續看見男女同學迎笑著對涂君打招呼，態度都很親熱。據涂君告我，該校因羅士培教授對中國異常表同情，每討論到遠東問題，總是幫中國，所以造成風氣。他所主持的地理學院的男女生近百人，都是對中國特具好感的。我才恍然於許多男女生對中國人的親熱態度。

羅士培教授十年來曾三次到過中國，對於中國文化及地理問題的著作頗多，對於中國學生的事情非常肯熱心幫忙，遇著有演說機會的時候，總是替中國說話。中國的好壞，自有本身的事實存在，我們原不必聽見有人說好話便色然而喜，但是肯表同情於中國的朋友，卻也值得我們的介紹。

英國人把下午四、五點鐘的那頓茶點看得很重，有人說他們晚飯不吃還不打緊，下午那頓茶點是萬不可少的。我們到了地理學院裡的時候，正遇著羅士培和幾個同事在樓上一個小房間裡喫茶點，便邀涂君和我一同加入。羅士培教授說他剛接到一位倫敦朋友的信，知道我來，正盼望著晤談。他今年五十三歲了，還是一個獨身，住在學生寄宿舍裡，和學生混在一起，衣服看上去也很隨便，大有一個書呆子的模樣，大概他的注意力都用在地理學上去了。在這天的茶點席上，卻有他的一位妙齡秀美的女祕書奧德姆女士（Miss Oldham）擔任「女主人」的職務，很殷勤和藹地招呼客人的茶點。此外還有該學院的講師史密斯君（W．Smith）。我們五個人圍桌而坐，我們當然很容易談到中國問題。我忽見他（羅士培）瑟瑟縮縮從衣袋裡一個日記簿上，取出幾張剛從報上剪裁下的關於中國的新聞。有一張是一個英國「死硬派」素有「中國通」之名的某甲寫給《泰晤士報》的信，大意說，日本占據滿洲，雖經國聯認為不合理，但現在已成事實，時勢不同，如仍根據國聯意見，不注意事實，徒然妨礙世界和平云云。這幾位英國的男女朋友——羅士培。史密斯和奧德姆——都憤憤不平，我暗中覺得我們自己不長進，旁人反代為不平，徒然增加我們自己的慚愧而已！我們約談半小時後告辭握別。

羅士培教授有個習慣頗好笑，他談話時，仰著頭，眼睛好像總是望著天花板。倘若不是他的誠懇，簡直有人疑他旁若無人。我出來後對涂君說句笑話，說羅士培的眼睛總是好像望著天花板，他大概從未知道同事裡面有個那樣秀美的奧德姆女士吧！

記者在利物浦時參觀了利物浦大學（建築學最著名），大規模的船塢（有許多輪船都閒空著），利物浦的貧民窟（所謂「Slum」，該處是在英國最大的貧民窟之一，衣服襤褸，房屋破爛，觸目皆是）。此外在建築上比較特別的是利物浦的「浮碼頭」，他們稱為「Landing Stage」，因為在那海岸旁的潮水漲落的很厲害，最高時漲到三十四呎，低時十一嘆，所以為搬貨及搭客上下的便利，不得不有浮著的活碼頭。該碼頭長二千五百三十四呎，平均闊八十呎，高出水面六呎到八呎，用鐵鍊繫在岸旁，價值二、三十萬鎊，工程殊為宏大，走上去簡直是陸地，不覺得是在什麼碼頭上。不愧為帝國主義對外實行經濟侵略的大本營的規模！

還有個尚在繼續建造中的大建築物是利物浦大教堂（Liverpool Cathedral）。世界第一宏偉的大教堂是羅馬的聖彼得大教堂，高四百十八呎，利物浦這個才造好一部分的大教堂也有三百零八呎高，欲搶得第二把交椅。自一九〇四年開始建築以來，建築了近三十年，尚未完工，其工程浩大可想。記者去瞻仰時，不得不驚嘆該處大貧窟裡的許多貧命集合起來，哪比得上這個上帝的福命啊！聽說對此事捐款最踴躍的是該處的資本家。帝國主義最歡迎的是《聖經》（見《海上零拾》），資本家所歡迎的又是大教堂！

在英國的華僑，最多的是在倫敦（當另文記之），其次要算利物浦了，有三百八十人，其中約有一百八十人做輪船上的水手、火夫及極少數的管事人（Steward，類於茶房頭的職務），現此中失業者已有六十八人，此外有幾家小菜館及小商店，大概只專做本國人的生意，其餘的大多是洗衣業，也僅靠老主顧勉強維持著。（曼徹斯特也有二十幾個華僑，全是洗衣業，幾全有了英籍的妻子。）他們大多娶了英國女子，冒著險到英國謀食的華僑，教育程度原很低，有許多中西文字都不識，而英國妻子至少受過高小教育，所以大半受妻子的管轄，懼內者居多，因為寫信記帳以及

利物浦

許多事都需要仰仗她們，利物浦也有華人麇集的中國街（其實叫「Peet Street」），記者也去「巡閱」一番。當然都是小店，有好幾家關了門，「寄人籬下」，免不得隨人倒楣了！並到該處一家中國菜館裡去吃過兩次飯，看見幾個中英合種的男女小孩，真長得健美可愛，和他們瞎談一陣，覺得他們天真爛漫，性情都很和藹。有個三歲的孩子，只頭髮是黑的，其餘就全似個洋囡囡，可愛極了，我簡直想把他抱回中國來。這家老闆是個廣東人，老闆娘是個大胖子的英婦，他們有個合種的女兒已十八、九歲，具著一副婀娜的美態，一對嫵媚的慧眼，說著一嘴的鶯聲軟語，婉轉動聽，聽說已和一個英國人訂了婚，準備明年出嫁，怎樣的英國人卻不知道。

涂君談起他有個好友趙雲鵬君，在利物浦大學專攻橋梁工程，也是《生活》的讀者，最近因肺病進了醫院，聽見記者來的消息，以不得一見為憾。我說我應該到醫院裡去慰問他，便於十二月一日下午買了一些水果，約同涂君和特由倫敦趕來利物浦陪我同赴愛爾蘭的張似旅君，到醫院裡去看他。他住在一個大病室裡，有幾十個病人一排一排的沿著四面的牆旁榻上躺著，布置得很整潔。他也穿著睡衣躺著，我們三個在病室門口伸著脖子看清了他的榻位，便躡手輕腳偷移到他的榻旁。經涂君介紹後，我和他很誠懇地握著手，並把水果捧給他。他看見我們來了，歡喜得什麼似的。我們聽見他說，醫生說已可無礙，身重加了兩磅，不過還須療養，也非常替他歡喜。我們除竭誠慰問外，不敢多談，於鄭重道別後，又偷偷躡躡地跑出了病室，已是萬家燈火了。

當夜我便和張君乘輪赴愛爾蘭的首都。

一九三四年一月四日，倫敦。

利物浦

紙上自由

中國俗語有句話叫「紙上談兵」，我覺得英國和法國的「民主政治」倘若比專制的國家有不同的地方，最大的特點可以說人民的確已得到「紙上自由」了。這所謂「紙上自由」，也可以說是「嘴巴上的自由」。

要明白這特點，需要相當的說明。

法國的報紙，無論極左的報或極右的報，對於政府的批評指摘，都儘量發揮。法國社會黨的機關報和共產黨的機關報，對政府更往往抨擊痛罵得體無完膚，從來沒有因言論開罪當局而有封報館、捕主筆的玩意兒。議員在議院裡當面斥責政府要人，那更是司空見慣的事情。

號稱「巴力門（Parliament）的母親」的英國，為歐洲「民主政治」國家的老大哥，

紙上自由

關於「紙上自由」或「嘴巴上的自由」，也可算是發揮到淋漓盡致了。儘管聽任你在文字上大發揮，儘管聽任你在嘴巴上大發揮，但在行動上，這資本主義的社會制度好像銅牆鐵壁似的，卻不許你越雷池一步！

英國自命為「君子人的國家」，有許多報紙上的言論，都是雍容爾雅、委婉曲折的，但是像工黨機關報《每日先驅報》對於現任首相麥克唐納之冷嘲熱諷，甚至瞎尋他的開心，往往有很令人難堪之處。獨立工黨機關報之《新導報》和共產黨機關報之《工人日報》，對於統治階級之嚴厲的評論，明目張膽宣言非打倒現政府，非推翻現統治階級，一切問題都無從解決。這在專制或軍閥官僚橫行的國家，直是大逆不道，老早把「反動」的尊號奉敬，請貴報館關門，請貴主筆大嘗一番鐵窗風味，或甚至非請尊頭和尊軀脫離關係不可！但在英國不但這種報紙儘管繼續不斷發揮他們的高論宏議，就是研究社會主義的機關，或共產黨的出版機關所編行的書籍，直呼現統治階級為強盜，也得照常發售，從沒有聽見政府當局說他們有反動嫌疑，非搜查沒收不可。

還可舉個具體的例子。英國是個君主立憲的國家，一般人民對於英皇還不得不有虔敬的態度，各戲院裡末了時還都須唱著「上帝佑我皇」的歌調。去年十一月二十二日「巴力門」舉行開幕典禮，訓辭中提到經濟恐慌和失業問題，有「我的人民繼續情願忍受犧牲」之語，共產黨機關報之《工人日報》在第二日的報上，不但在言論裡極盡揶揄，並且登一個惡作劇的插圖。把英皇畫成一個矮子，手上捧著一大張「皇上演辭」，下面註著上面所引的那句話。英皇後面，一個高大的警察和首相麥克唐納扶持著一個《失業新律》，是準備在議會透過以壓迫工人的，再後面便是一大堆工人群眾示威高呼：一致摧毀《全家總收入調查法》及「打倒造成飢餓和戰爭的政府！」等口號。這種實際情形和「繼續情願忍受犧牲」的「皇上演辭」，適成相反的對照！尤其是把「皇上」畫成那副尊容！但是《工人日報》照常公開發行，並沒聽見它得到了什麼大不敬的罪狀。「皇上」的威風比中國的任何軍閥官僚都差得遠了！所以我說，「紙上自由」可算是發揮到淋漓盡致了。

英國「巴力門」裡的「嘴巴上的自由」，記者在〈巴力門的母親〉一文裡已略為提起。上面所談的最近「巴力門」開幕的那一天，還有一個件事情頗有記述的價值。那天舉行開幕典禮的時候，英皇在貴族院裡剛才把演辭說完，聽見有一人大聲問道：「關於取消《全家總收入調查法》和失業救濟費折扣兩事，究竟怎麼樣？」大膽這樣向

紙上自由

英皇問著的是獨立工黨議員麥闍溫（J.McGoverm）。他接著喊道：

「你們是一群懶惰好閒的寄生蟲，靠著別人所創造的財富過活。外面人民是正在挨著餓，你們應該覺得自己羞恥吧。」

當時與會的許多貴族們和議員老爺們都相顧驚愕，麥闍溫大喊之後，從容步出會場，典禮也隨在靜默中收場。後來這位獨立工黨的議員還是繼續做他的議員，沒有聽見他得到什麼大不敬的罪名。這種新聞，如在中國，早給檢查新聞的老爺們扣留，不許刊登，但在英國，各報仍在第二天照事實登出，《曼徹斯特導報》並在社論中警告政府，謂麥闍溫的行為雖鹵莽，但人民的困苦，實其背景云云。所以我說，「嘴巴上的自由」可算是發揮到淋漓盡致了。

這當然是處身軍閥官僚橫行的國家裡面的人民所垂涎三尺的權利，因為在這樣的人民，只有受壓迫剝削的份兒，連呻吟呼冤都是犯罪的行為！

但是進一步講，終究還僅是「紙上自由」！在行動上，統治階級的爪牙——警察、偵探等，也就防範得厲害。有位朋友在倫敦某處演講，演畢後，有位共產黨員順便開著一輛破舊的自備汽車送他回家，就有警察暗隨在後，把他的住址抄下，第二天便向他的房東盤問得很詳細。又如在倫敦專售共產主義書報的工人書店，外面就常有便衣暗探注意買書的人的行蹤。有一次我和倫敦報界某西友在某菜館裡午餐談話，我們所談的是關於英國新聞事業的情形，但因為他是共產黨員，不久就有侍者偷偷來關照．說外面有警察注意著。他們簡直好像布滿著天羅地網似的！

一九三四年一月二十五日，倫敦。

大規模的貧民窟

倫敦不能不算是世界上一個大規模的城市，面積近七百方哩之廣，人口在七百五十萬人左右，英格蘭和威爾士的全部人口的五分之一，城市人口的四分之一，都集中在倫敦。在這樣大規模集中的情況之下，英國資本主義社會的形形色色，這種社會的內在的矛盾之尖銳化，都可以很明顯地從中看出來。在這樣大規模的繁華的城市裡，同時卻也有了大規模的貧民窟，這是很值得注意的一種矛盾的現象。

英國各大城市，都各有其貧民窟，而以東倫敦的規模為最大。西倫敦（他們叫做「West End」）是最繁華闊綽的地方。最奢華的店鋪、皇族貴人的宮邸、布爾喬亞（Bourgeoisie）享樂的俱樂部、博物院、戲院、官署、公園、議會、西冥寺以及最豪華的住宅區，都在這裡。所以在倫敦有人叫你開地址的時候，如你所開的地址是在「West End」，他們便認為你這個人多少是過得去的。南倫敦和北倫敦的屬於工人住宅

大規模的貧民窟

區的地方，也有貧民窟，但都不及東倫敦的規模宏大！

倫敦分為二十八區（Borough），各區裡面都有多少貧民窟點綴著，就是在所謂「皇家區」（Royal Borough）裡面也不免，不過在繁華富麗的地方看不大出。自倫敦中央起，這東一帶各區，都就可以看見幾於「清一色」的貧民窟生活，也是世界上任何城市裡勞動階級最集中的一個區域。記者曾費了一天的工夫去觀光。電車一開進了這個區域，就看見在西倫敦所沒有的舊式燒煤的汽車在街上跑來跑去，上面有煙囪，噴出許多黑煙在街道上繞著；電車上的乘客也不同了，都穿著破舊的不整齊的衣服，顧不到什麼「君子人」的排場了；滿街旁的襤褸垢面的孩子，東奔西竄著。貧民窟裡的住宅，大都是建築於百年前的老屋，地板破爛，牆壁潮溼，破窗裂戶的空隙常有冷風繼續不斷的傳送進來。一所屋裡每住著幾十家，一個小小的房間裡堆滿著許多人。英國是科學發達的國家，電燈應該是很普遍的了，但在這一帶貧人住宅裡，還是用著油燈或點著蠟燭。如所住的是地室，那就終年在黃昏中過日子！

據英國勞工調查所（Labour Research Department，這是由勞工團體組織的研究機關，不是政府設立的）所調查的結果，在倫敦全家擁擠在這種地室裡（住在貧民住宅的地上和樓上的還不在內）過暗無天日生活的工人，至少在十萬人以上。據他們最近所調查的情形：「在倫敦貧民窟的地室，裡面既黑暗而又潮溼，糊在牆上的紙都潮溼著下墜飄搖著，老鼠和虱子非常的多，住在裡面的人很少和疾病不發生關係的。」

由為擁擠的緣故，常有父母和好幾個成年的子女，甚且加上祖父母，同住在一個小小的房間裡。因為這種屋子裡的蟲虱有各種各色的，既繁且多，每到夏季，往往趕著整千的人把他們的床拖到街上來，希望能夠略得些睡眠，但是遇著了警察，又須被趕到門裡去！

倫敦哈克尼（Hackney）一區的醫官烏華雷（Dr.King Warry）調查該區貧民窟的擁擠情形，曾有詳細的報告。試就他所報告的事實隨便舉一個例：他說有個家庭共有六人，都住在一個小小的地室裡，這家庭裡面有十歲和四歲的男孩，十一歲和七歲的女孩，那個母親告訴他說，因為她無法使他們睡開，最大的兩個男女小孩曾經發生過「非禮的行為」。

一九三三年一月二十七日《標準夜報》（*Evening Standard*）所載東倫敦貧民窟的情形，裡面說起有個家庭住在地室裡已十九年了。除父母外，有四個女兒，年齡自十三歲至二十一歲，兩個男孩，年齡一個六歲，一個九歲，都住在一個地室裡，都要常往醫生處看病。

這樣「很少令人和疾病不發生關係的」貧民窟房屋，租錢在工人看來仍然是很貴的，普通每星期常須付到十五先令至二十先令。英國極少數最高工資的工人每星期雖可得到六鎊以上的工資，但普通總在兩鎊左右，所以為著房租差不多便用去了一半（這是世界大戰以後的情形，在以前平均只用去收入百分之十六至十七為房租），結果剩下的一些工資不夠顧全家屬的衣食，父母子女往往在半餓狀態中過活。

據各區醫官的統計報告，貧民窟居民的死亡率常比普通的增加一倍至兩倍，嬰孩死亡率更厲害。就是養得大的孩子，也多遺傳著所謂「貧民窟心理」，據說他們長大時的行為都使國家要增加警察和監獄的經費！

記者自去年十月到英國以來，聽他們在內政方面鬧得最起勁，視為一件大事的，便是消除貧民窟運動，大呼「貧民窟是我們的恥辱！」衛生部大臣楊格爵士（Sir Hilton Young）定了一個消除貧民窟的五年計畫，據說要在五年內消除二十萬所貧民窟的房屋，使一百萬人有新屋住（據各報說貧民窟的房屋遠逾此數，貧民窟的居民亦遠逾此數），而新屋的建造則仍希望以利潤為前提的私人企業家來辦，並不想到工人租用貧民窟的房屋已嫌其貴，更有何餘力來租用新屋！

其實貧民窟問題也是資本主義制度下的一部分的產物。貧民窟的人民那樣苦楚，而據統計表示，一九三一年倫敦的土地生意不下一萬萬二千萬金鎊。教會於一九三〇年在倫敦所收到的屋租就達三十八萬金鎊之多。土地的私有專利，房租的高抬，工人的貧窮，都一概不顧，只想如何如何叫工人從貧民窟裡搬到新屋裡去，便以為這問題可以解決了，這真是在饑荒時代勸人吃肉糜的辦法！

一九三四年一月三十一日，倫敦。

大規模的貧民窟

遊比雜談之一

在歐洲的北部海岸，法國和德國的中間，有兩個小國家，那就是比利時和荷蘭。這兩個小國的人口都在八百萬人左右，是在歐洲經過戰爭最多的一塊地方，這不但是因為這一塊地方的南部（即比利時）是正夾在法、德兩大國的中間，為這兩大國擴充地盤時常爭的地帶，而且也因為這兩小國有了歐洲最重要的幾條河的出口，為鬥爭的媒介。但這兩個小國家雖被人加上一個「小」字，在你搶我奪的這塊地方上，居然能靠著自己鬥爭的力量，終於能維持他們的自由平等的地位（當時的國際形勢當然也有關係，但根本還是靠自己鬥爭的力量），這時來自「大」國的我，來自「大」而任人宰割的中國的我，到這兩國裡看看，實在沒有法子消除我的慚愧的心影。

記者於二月二十二日上午九點十五分由巴黎動身，十二點便到了比京布魯塞爾（Bruxelles）。在火車裡遇著一位荷蘭老者，和他的妻子同坐在一個車廂裡，他們倆的頭髮都白了，至少都在六十歲以上的年紀，而體格康健，卻無異於四十歲左右的壯年。這老者能英語。我和他談話之後，才知道他在荷蘭經營船業已四十年了，聽他的口氣，好像是一個輪船公司經理。我問他荷蘭船業最近情形如何，他說沒有一個輪船公司不蝕本的，現在只得勉強維持現狀，以待轉機。我們知道荷蘭的國力，最依靠的是他們的商業，尤其是航業。荷蘭的航業到現在，雖還不及十七世紀獨執世界牛耳時代，但仍占很重要的位置，他們靠著均衡出入口的差異，這是最主要的要素。但據這個經營船業四十年的老者說，現在卻沒有一個輪船公司不蝕本的，這也是因為他們逃不出世界經濟恐慌的漩渦。

在國外遇著外國朋友，十八九要問你中日問題怎麼樣了，這個老者也不能例外。他似乎很抱憾地說，中國不能打，最沒辦法，我便把十九路軍在松滬打日本情形告訴他，他聽得津津有味，隨聽隨譯給他的夫人聽。我想，我們還有十九路軍拿來遮遮面孔，但以偌大的中國，只有這曇花一現的十九路軍，這面孔還是遮不了！

記者到比國的時候，正值他們一「喪」一「慶」的當兒。我到的那一天（二十二日），是爬山跌死的比王阿爾貝大出喪的日子，也就是他們的國喪；第二天是比國新王利奧波德第三宣誓登位的日子，也就是他們的國慶。在這兩天，滿街人山人海，比京附近各城的人都特為跑來看熱鬧，我就好像看了「比國人民展覽會」。在新比王和他的王后的「鑾駕」經過街道的時候，兩旁擠得水洩不通的人叢中，都揮巾或揮帽歡呼，有的在最後一排的角落裡，一點兒看不見國王或王后的臉，也大脫其帽，這種敬重王室的心理，在我們看來真覺莫名其妙。比王未葬前，陳屍三日，一任人民觀看，各處人民到比京列隊循序進去觀看者，每日十餘萬人。聽說有的看了流著眼淚，有許多情願餓著肚子，或一夜不睡，列在隊中立著，等候進去一看。這裡面大概為好奇心所衝動的也不少，不過據說比王阿爾貝在國王中算是很忠於國事和愛護人民的，所以確也留下了不少的哀思。

現在比國的政治和外交是唯法國的馬首是瞻的，所以法國的政治如果沒有什麼大變動，比國的政治也就亦步亦趨，不會有什麼大變動。比國的政黨有天主教黨，裡面包括的是教徒、農民、資產階級；自由黨，裡面包括的有財閥、工商界的領袖和一部分的知識階級；社會黨，裡面包括的有工人，由知識階級中人如大學教授、律師及其他自由職業者做領導；共產黨，勢力以天主教黨和社會黨的為最大，但經濟實力操在自由黨的手裡。現在的局面，是天主教黨和自由黨聯合戰線壓倒社會黨，前兩黨為在朝黨，後者為在野黨。在這種形勢之下，政治上的大權握在什麼階級的手裡，可不言而喻了。共產黨在國會裡也有兩三個議員，當二十三日那天新比王在國會裡宣誓時，各黨議員呼國王萬歲，共產黨議員則大呼「民國」萬歲，大家也莫奈何他們，這如在以《馬氏文通》觸犯刑章的國家裡，當然也是一件不可思議的事情！

講到經濟方面，比利時是歐洲最工業化的國家裡面一個老資格，列日（Liege）的煤，在中世紀就有名的，鐵和鋼的工業，在十八世紀的末葉就發展了，現在這三種工業仍占最重要的位置。此外關於鋅、鉛、玻璃、紡織，也有大量的生產。從事農業的人民不到五十萬人，從事工商業者卻在兩百萬人以上。自世界經濟恐慌發生以來，愈工業化的資本主義國家，倒楣的程度也愈高，比利時雖向來有富庶之稱，也不能例外。試看他們的統計：一九三一年工人失業人數為二十萬零七千人；一九三二年增至三十五萬人了；一九三三年增至三十八萬三千人了。所以在比國布魯塞爾極寬敞平滑的馬路上，兩旁的洋房和樹蔭多麼美麗，你在這美麗的環境中就可發現著衣服破爛的變相的乞丐。有一個清晨我和老友寄寒伉儷同在這樣的一個道旁散步，就兩次遇著這樣變相的乞丐，手裡拿著幾根鉛筆，伸著手向你要錢。其中有一個還有羞答答的樣子，大概是初上任的，還沒有得到多大的經驗！據寄寒說，這都是失業的工人，在兩三年前是從來沒有看見過的。

布魯塞爾有「具體而微的巴黎」之稱。居民八十五萬人，街道整潔，建築美麗，市政修明，確很可引起人們的美感，但比巴黎當然尚望塵莫及。建築物以大理院 (Palace of Justice) 為最宏偉，價值六千萬法郎，占地比羅馬的聖彼得教堂的地盤還大。歐洲的宏偉建築物，最多的是教堂，其次是皇宮，此外則大理院也常夾在裡面湊熱鬧，為遊客常到之處。在中國，遊客要特跑到審判廳去看看，大概很少。布魯塞爾比巴黎，「微」則有之，「具體」還說不上。不過有一件事卻不很「微」，那就是在熱鬧街市如 Boulevard Adolphe Max 一帶，華燈初上，野雞如鯽，我和寄寒伉儷及王君勤安等順道過此，目見甚多。據說野雞之外，還有不少公娼，那更可和巴黎分庭抗禮了！

記者在比雖僅前後四天，除到魯汶 (Louvain) 半天外，承蒙寄寒賢伉儷差不多天天陪伴著遊覽，所看的地方不少，比較重要的是他們博物館的設備，國家雖小，對於民眾教育的努力並不小。在同往參觀歷史博物館的那一次，在同時遊客中有三個美麗活潑的比國少女（依中國女子標準看去有十六、七歲，在她們身體發育健全，據說實際都還不過十三、四歲），其中有一個尤秀媚，忽對我們幾個外國人注意，跟著我們一塊兒看，最後臨別時，彼此分開了，她們還回過頭來嫣然對我們說「再會」，我們也欣然還報以「再會」，雖心裡明知道這「再會」是大概絕對沒有希望的，可是那天真少女的美感，至今還縈迴腦際。

比國的最大的殖民地是在南非洲的剛果（Congo），在比京時也特地去看了他們的殖民地博物館，內容是動植礦物的生產之豐富，同時用相片和模型表示土人之野蠻和迷信等等文化落後的情形，受盡了種種的榨取剝削，還落得個不名譽的結果！比利時本國的全部面積不過一萬一千餘方哩，而比利時的殖民地剛果卻有九十萬餘方哩，大了九十倍左右！

在比京也有所謂「無名英雄墓」，即在世界大戰中陣亡兵士的墳墓。在馬路上經過這個地方的時候，不但走路的人都自動脫帽致敬，就是在電車裡的乘客，也都自動脫帽致敬，這也可見一般民眾教育的程度。記者也路過幾次，尤其令人連帶回想的是一九一四年蕞爾小國的比利時因德國侵入國境而英勇抗戰的經過，德國原答應比國如許他們假道，絕不侵犯，而比國毅然不許，當年八月五日，德軍開始攻擊，比將萊曼（Leman）率領比軍抗戰四倍人數的德軍至四十八小時，最後因避包圍，退至Fort Loncin，仍收拾殘軍抗戰，堅持一週之久，萊曼戰倒於殘墟中，昏迷失卻知覺，被德軍擄去，此役比軍死亡四萬八千人，德政府第二次提出要求假道，仍被比國拒絕，以後的情形，讀者諸君都知道，用不著記者贅述。總之德軍絕對不得在比國「不抵抗」中爽快透過，要進一步，便須吃進一步的苦頭！當年十月十八日至三十日，德軍要透過比國的艾澤爾河（Yser），被比軍作十餘日的死抗，比軍死亡一萬四千人，其英勇尤為歷史上令人肅然起敬的一頁，比軍堅守這一小塊僅餘的國土，直至一九一八年大戰終了時為止，未曾被德軍占去，暴敵侵入國境是什麼一回事，還有什麼苟安圖存的餘地！比利時雖是蕞爾小國，他所以能卓然立於世界，也全靠這一點英勇抗戰令人不敢輕視的精神。當時毅然主持抗戰的比王阿爾貝和首當其衝而死抗到底的萊曼將軍所以能留永思於比國人民心中者，不為無故。

一九三四年五月十一日，倫敦。

遊比雜談之二

比利時是在歐洲經過戰爭最多的一個地方，這在上面已提及。滑鐵盧（Waterloo）之戰，也是這許多戰爭裡面最著名的一個。記者曾於三月二十三日午後，和寄寒伉儷偕往滑鐵盧一遊，整整費了一個半天的工夫。滑鐵盧是一個居民僅有四千人左右的小村，在比京布魯塞爾之南十一方哩，由布魯塞爾去，乘一小時的電車可達。在一八一五年的六月，這是英將威靈頓（Wellington）駐紮抗戰拿破崙的地點。拿氏以神出鬼沒的戰述，懷囊括全歐的野心，幾於所向無敵，最後經滑鐵盧一敗，真是中國話所謂「一敗塗地」，皇帝沒得做，關到聖赫勒拿（St.Helena）島上去，五年後便以一死了之。

在當年六月十八日那天交綏的處所，就在這滑鐵盧村上一個小墩名叫 Hougoumont 的上面開始。現在僅是一個農場，設有一個陳列館，陳列關於該次戰爭的遺物，在樓上有個圓形的大畫室，卻很別緻，中間一個大亭，亭的周圍有圍欄，圍欄外面離七八丈的周圍，便掛著高十餘丈的大油畫，圍著這個亭子。油畫的內容是描寫當時聯軍和拿破崙軍隊交戰的情形。油畫的下面和亭外的空地接連，在地上便用真草、真茅屋，以及逼真的人馬槍炮等等的模型布置著，油畫的上面是畫著蔚藍的天空，和亭子上面接連著，全部用電燈襯托出來，使看的人從亭子裡看出來，好像身臨戰地似的。除這個陳列館外，還有一個紀念此次戰事的人造的獅子山（Mont du lion），這山是比利時於一八二三年及二十六年間造成的，山高約一百五十尺，周圍約一千七百尺，頂上中間有個鐵鑄的大獅子，二十四噸重，從山下可由二百二十六級的石級登到獅子的座子，座子周圍及石級兩旁都有鐵欄杆圍著。我們三個人都鼓著勇氣爬到最高頂去遠望了一番，這附近的四圍便是數十萬大軍搏戰之地，便是叱吒風雲一世之雄的拿破崙大吃敗仗的所在！天已漸漸陰暗起來，匆匆下山回來，在電車裡已是萬家燈火了！

看到這個戰地，使我回想到歷史上關於此役有件趣事，那便是拿破崙自信必勝，唯恐威靈頓乘夜不戰先逃！在六月十七日（一八一五年）的那個夜裡，成靈頓和拿破崙的兩方軍隊均駐紮在滑鐵盧，等天明交戰，拿皇帝把勝仗拿得十穩，深恐威靈頓在當夜乘黑暗中逃走，特於這個夜裡——已經半夜了——離開他的居屋，只帶著柏塔郎大將（Marshal Bertrand）一人相隨，步行走出他的禁衛線，竟大膽地走到威靈頓駐紮地的前面周圍的叢村附近。這時已是夜裡兩點鐘了，拿皇帝在萬籟俱寂中傾聽，忽然聽見有一隊敵兵在黑暗中的步伐聲，他想這一定是威靈頓乘夜裡黑暗中拔營，這一營大概是他的最後的衛隊了！他此時絕對夢想不到第二天威靈頓的軍隊會那樣的死抗不退。雖以拿破崙的將才，一有輕敵之心，也免不了大吃敗仗，這倒可給我們一個很好的教訓！

記者於三月二十四日的上午費了半天的工夫去參觀比國一個文化中心的魯汶，有「比利時的牛津」之稱，由比京乘火車去，不及一小時即到。魯汶是屬於比利時的布拉邦（Brabant）省的一個城鎮，居民約有四萬人，而在該處的魯汶大學的學生卻有五千人左右，所以滿街隨處可以碰到男女大學生。他們或她們雖穿常服，卻都戴有不一律的制帽，各科各級的學生，都各有其特殊顏色和標誌的制帽，使人一望而知，有的制帽像我們所常見的睡帽一樣，各學生同時是什麼學會或團體的會員，還把許多金的或銀的五花八門的徽章插在帽上的周圍，很特別。該校雖男女同學，向例男同學和女同學不得兩個人（即僅僅一男一女）在街上同行，否則一被學校當局看見，即須傳去問話，麻煩得很，所以在街上確看不見有這樣的現象，頑固習俗可笑，究竟不知道有什麼充分的理由！該校以醫工較著名，中國留學生有二十餘人，前《大晚報》記者張君也在該校肄業，記者到後，承他引導參觀。魯汶街上極少車輛，清靜安逸，與布魯塞爾迥異。著名建築有五百年歷史的市政廳、宏麗的教堂及大規模的圖書館等。當一九一四年八月二十五日，該城被德軍占據，有意放火焚燒，連燒三天，燒燬了一千多屋子，存有十五萬卷以上名著的圖書館也遭了這個浩劫，大戰結束後，屋子已大多數重建，圖書館也重建了（大半出於美國人的捐款）。在德軍侵占比境時，比國當局只想到死抗暴敵，並未曾想到一面準備不抵抗，一面把這些寶藏搬移到別處去，這大概因為他們深知國土一塊一塊地被暴敵侵占去，國且不國，搬移寶藏何用！況且他們沒有不平等條約的妙用，沒有什麼租界可供移藏寶物，這也是比不上我們的！

比利時雖小，最有名的報紙，也有八九種之多，以《晚報》（*Le Soir*）為最盛，印刷精美，插圖尤佳，聽說銷數每日近百萬。該報雖號稱「晚報」，每日出版四次，每次遇有最新要聞，即加以補充。第一次約在下午三點半，第二次下午六點半，第三次夜裡九點半，第四次半夜，便須在第二晨售賣了，故實際已包辦了全日的新聞。至於各報對中國的態度，也學著帝國主義的大國的模樣，尤其是學著英法報紙的常態，那就是不登中國的消息則已，一登總是丟臉的消息居多！不過仔細想來，這也不能盡怪別人，因為我們自己，尤其是負政治上責任的人，

先要同一問我們自己是不是要臉，先要問一問我們自己幹了什麼不致丟臉的事情！

最後請談談在比的中國人。在比國的中國學生約有二百餘人，在安特衛普（Antwerp）當水手的有百餘人，青田小販來來往往的也有四五十人。不久以前有駐西班牙的某比領受賄濫給護照，中國的青田小販因納賄而溜入比境者不少，後來這個領事的舞弊情形被比政府發現，革職查辦，青田小販被連累的都被驅逐出境。在這些腦子簡單的青田小販們，認為花了錢得到了護照，有什麼錯處，故常到中國使館請辦交涉，而中國使館則以此事在比政府認為違法行為，無法可想，在法律上收賄者團被認為有罪，納賄者也不是堂皇的事情，弄得很僵，況且做的是中國人，除準備著被驅出境的

份兒外，更有什麼話可說？

講到在比的中國青田小販，去年八、九月間卻發生了一件趣事。有三個青田小販同住在一個比國人的家裡，那家房東有三個女兒，正好配上了這三位青田小販，都發生了關係，其中有一個女兒年齡還在十六歲以下，於是她們的父親在法院提出訴訟，控告他們。但是房東太太以她的這個丈夫在外面有了一個姘頭，平日不但不住在家裡，而且置經濟於不顧，還是這三位青田仁兄常常接濟她的家用，所以到開庭審判的那一天，這位非正式的丈母娘在法庭上大幫這三個青田小販！那天觀審的很多，中國使館也派有人去旁聽。那位房東太太當著大眾，對法官口若懸河地大講她的一大篇大道理！她歷數丈夫種種不顧家庭的罪狀，極力讚揚這三個中國人如何如何的好！法官問問那三個女兒，也都說母親的話不錯，並且都表示願嫁給這三個中國人。結果那個父親大吃癟，那三位禍中得福喜出望外的青田仁兄各擁著嬌妻，凱旋而回！這個案件，比國的報上隻字不登，因為如把那位「丈母娘」的「中、比人的優劣論」那一篇大文章發表出來，在他們當然認為是和比國人的體面有關係的。

還有一件事，在布魯塞爾的大規模的理髮店裡，請了兩位中國的扦腳專家！我們中國洗澡堂裡的扦腳情形，想讀者諸君都知道的。這兩位扦腳專家因為來修腳的多屬舞女，享盡豔福，每月各有三、五千法郎的收人，一位娶了法女為妻，一位娶了比女為妻。中國人在歐的著名的職業，一為洗衣，一為燒菜（開飯館），現在大概要加上了扦腳！在巴黎時，有的法國朋友說，你們中國人的菜當然好吃．因為你們有了五千年的文明，燒菜的研究也有了五千年的歷史了！現在出了扦腳專家，不知和五千年的文明也有什麼關係沒有！

比國人對中國的態度，講到政治的方面，比國外交向來是親法的，唯法馬首是瞻，法在外交上對中國的態度既不佳，比也可想而知，例如中日事件發生後，比政府的態度即偏袒日本。講到一般民眾方面，可以說大多數對中國完全莫名其妙，大概看到青田小販，便認為是中國人的代表，對於中國女子的印象，每以為仍是小腳，穿著他們在博物館裡所見的那種小腳鞋。（寄寒的夫人生得娟秀，在比外交界便很出風頭，報上把她的相片登出來，即每有出門，街上行人都要特別注意她，也可以說稍稍替中國女子爭得一點面子，至少使他們知道中國的女子和他們殖民地博物館裡所陳列的剛果女子究竟不同！）不過他們裡面有一部分人因為本國無所不小，而覺得中國則那麼大得嚇人，講面積，一來就是四、五百萬方哩（比國面積只一萬餘方哩）；講人口，一來就是四、五萬萬人（比國人口只八百萬人）！但是中國那麼大，人又那麼多，而卻又那麼無用——至少在現狀之下——大概他們不免更覺得詫異吧！

一九三四年五月十四，倫敦。

所謂領袖政治

記者於三月二日上午十點二十七分鐘離開荷蘭的商業首都阿姆斯特丹，當夜九點三刻到柏林。

到柏林後，常聽到德國人互相見面打招呼時，不像法國人之叫「Bon jour」（日安），或英國人之叫「How do you do?」（你好？），卻叫著「Heil Hitler!」（大概可譯為「希特勒萬歲！」）這大概是捧領袖的意思，雖則有些德國朋友私下告訴我，說有許多是在威權壓迫之下，要保全自己的飯碗，不得不這樣叫一下，在實際上所叫的不是希特勒「萬歲」，是他們自己的飯碗「萬歲」！

此外在照相館玻璃窗內所陳列的，滿山滿谷的形形式式的希特勒的相片；在雕刻鋪子或鋼鐵鑄像鋪子的玻璃窗裡所堆著排著的，也是大大小小無微不至的希特勒的造像，這大概也是捧領袖的意思。這類相片或是造像裡所表現著的希特勒，當然都是威風凜凜，神氣活現的態度。他的政敵裡面有的竟敢惡作劇，不知怎樣弄到一張呆頭呆腦的照片，據說是希特勒一歲時候的真面目，拿來各處廣發！還有人把他的相片另印一下，在頭髮上面加一個小小的列寧的相片，和髮紋稍稍混亂，使人粗看不知道，略一細視，才看得出，也拿來用祕密方法廣播全國，黨老爺們（國社黨）也許還很熱心地幫同推廣，以廣宣傳，後來發覺，極力禁止，卻也「宣傳」得不少了！

講領袖政治的，大概都很提倡對於領袖的盲目的奴性的服從。（服從原也有好的方面，如服從真理，服從所信仰的主義，服從正當的規則及值得服從的人物等等，但和盲目的奴性的服從，在性質上當然有很大的差異。）像義大利由法西斯黨所辦的青年團團員正式加人做黨員的時候，必先宣誓「願無討論地（Without discussion）執行領袖（Il Duce，指墨索里尼）的一切命令……」我在德國時，也常常聽見這裡有幾萬公務員，或那裡有幾萬國社黨黨員，聚攏來舉行大規模的宣誓禮，最重要的一句話，是「絕對服從希特勒」。

無論什麼性質的集團或機關，只須是有「群」的形式，在職務上的需要，當然有領袖的必要；就是我們尋常組織一個旅行團，如人數較多，為種種事務上的便利和需要計，我們也常要公推一個適於做團長的人，代表大家的公意和需要，主持一切，他的最重要的任務是要能把這一團人所要解決的事情解決掉，倘無法解決而又裝腔做勢，儘管吹牛，誰來睬他！倘若這個團長僅勾結幾個壞蛋，為少數人的私利，摧殘大多數團員的福利，用殘酷手段壓迫大多數團員，還要以「領袖」自居，認為「領袖」是天生的，你們這般團員活該像奴隸似的受統治，這又成了什麼話呢？

現在德國各校所用的歷史教本，除由政府所承認的教本之外，還由政府所選任的「歷史家」特著種種補充的讀物，最重要的是敘述希特勒的發難和他的「主義」，目的在造成「以愛國心、種族的意識和領袖製為基礎的更偉大的德意志」。試舉其中有一冊是「一九一四至一九三三年德意志民族的復興」，就說：「在德國最困苦的時候，在德國正臨著深淵的時候，上帝又在希特勒的身上，給德國人民一個偉大的領袖」。這和中國的無知鄉民相信「真命天子」的觀念有什麼分別？不過一方面是在中國鄉民中之無知者，一方面是出於素以科學發達聞於世的德國的「歷史家」罷了。（註：以上引證語見《每日先驅報》，一九三四年五月十日。）

所謂領袖政治

現在這種領袖制，德國不但在政治上採用它，並極力輸入全國其他的各種組織裡面去。例如德政府在一月間新頒的《勞動法》（Labor Law），便把僱主認為「領袖」，把他的工人認為「服從者」。這些「服從者」依法雖也有組織所謂「信任委員會」（Confidential Council），但這個委員會的候選人卻須由「領袖」——即僱主——會同國社黨的「工廠細胞組織」（Factory Cell Organization，即國社黨所包辦的工會組織）的書記，共同圈定之後，再由職工選舉，組成所謂「信任委員會」，代表全體職工和「領袖」——僱主——「合作」。由僱主圈定的「信任委員」，當然是可以「信任」的了，不過此處的「領袖」卻不是「上帝」所「給」的，乃是有資本做僱主的人們！他們的靠山是「上帝」所「給」的那個政治上的大領袖！

我以為這種政治上的領袖是否「上帝」所「給」的，倒不值怎樣的注意，我們所要注意的是他能否解決全國大多數人所亟待解決的問題。德國的情形和中國的不同，但大題目也只有兩個：一個是對外問題，尤其是取消《凡爾塞條約》問題；一個是對內問題，尤其是救濟失業問題。我覺得「上帝」所「給」德國人民的「政治領袖」所幹出的「領袖政治」，對這兩個問題，似乎只有「口惠」，實際都沒有辦法。這層此刻暫且慢談，後面當有專篇作事實上的分析。

我此時要提出可以注意的幾點如下：

（一）上面所述的那種方式的政治領袖，也絕不是像天上憑空掉下來的一件東西。例如德國的希特勒，去年一月間所以得一躍而上政治舞臺，實當時實際環境所湊成。德國自社會民主黨秉政以來，不主張澈底改革，只在現社會組織下努力，始終為資產階級利用，後來資產階級鑒於勞動階級的聲勢日大，深覺社會民主黨之不足再供利用，乃索性揭開假面具，利用國社黨，作明目張膽的壓迫，以作最後的掙扎。

（二）這種所謂政治領袖，在未上臺以前，要奪取政權，也要用欺騙方法，取得一部分民眾的擁護。這種欺騙，所以能有相當的效力，是因為他從前未在政治舞臺上有過惡印象留在民間的緣故。倘若早已久執政權，統治得一團糟，信用掃地，要想再用欺騙方法，利用「領袖政治」的新招牌，那更是一件難事了。

（三）在外國所見的這種所謂領袖政治，雖未見他們對國事有何根本的辦法，但他們個人方面，還能稍稍顧點面子，不得不做出一點勤廉的樣子，像希特勒最近聽

所謂領袖政治

說連薪水都不要，全部捐作黨費，這於社會根本問題的解決當然沒有什麼關係，並不值得怎樣的讚揚，但比之東一個別墅，西一所洋房，窮奢極欲的政治上的所謂「要人」，給人的印象究竟有些不同。

最後關於「領袖」這個東西，還有一點感想要附帶地說一說：

我在柏林的時候，屢次聽見有中國友人看見德國有一班人大捧他們的領袖希特勒，便慨乎言之地說中國人就缺乏這種「美德」（？），說中國人就不肯擁護領袖，並肯定斷言中國之沒有救藥，病根就在這裡。關於這一點，我卻有些不同的感想，我覺得中國人最重視領袖——不過我們所重視的領袖是真能在行動上、事實上表現他能為大眾犧牲努力的領袖，倘只叫中國人對著掛空招牌的領袖舉手行禮高呼：「×××萬歲！」這玩意兒是弄不來的。關於這一點，事實上的佐證多得很，隨手拈來就是。試舉一二比較近的事實說，在舉國民眾熱烈抗日高潮的時候，馬占山將軍在嫩江率軍血戰抗日，全國人民對於他的崇拜的種種表現，實難形容；杜重遠先生當時到四川重慶一帶去演講救國運動，甚至看見有人把他的相片排列在祖宗牌位一起，有人希望他有機會做中國的大總統！上海十九路軍血戰抗日，全國民眾對於他們的領袖及士兵們的崇拜，其種種表現，也是出於衷心而為我們所共見的。我當然不是說這些人就可以做中國政治上的領袖，我是要證明中國人所要重視的領袖是在行動上、事實上有辦法為大眾努力的領袖，不是掛著空招牌擺著空架子的領袖。如有人自以為是中國的領袖而怪中國人民不知或不肯擁護他，我要請他問一問自己有了什麼，做了什麼，足以引起中國人民的信仰和敬重！

一九三四年六月二日，倫敦。

所謂領袖政治

褐色恐怖

德國現在政治的特點：第一是領袖制度，其精神所在是中國古語所謂「民可使由之，不可使知之」，認為人類中有生而為領袖的，有生而為被統治的，只須由頭等領袖指揮一切，次等、三等……領袖襄助他，統治大眾。這個特點，上文已略述梗概。第二特點便是殘酷無比的「褐色恐怖」。這種情形，在德國僅能略有所聞，因為他們也知道無人道的慘酷行為不是一件榮譽的事情，所以力守祕密。但新聞記者究是無孔不鑽的惹人厭惡的東西，像英國最著名的一種報紙——《曼徹斯特導報》——便常有確鑿事實的通訊記載。（聽說這個報在德國曾有一時禁止進口。）此文所述的事實，有的就是攝取該報上最近數月來所記的材料。

在德國拘留政治嫌疑犯，或完全被誣、冤枉捕去的人們，都關到所謂「Concentration Camp」，在中國報上有人譯作「特別拘留所」，加上「特別」的形容詞，也許易於使人誤會為含有「特別優待」之意，其實其中的慘酷情形，雖不一致，但大抵都無異於人間地獄。而且尋常所謂「拘留所」是待審之處，在此處則活該受罪，無審之必要！這個名詞的原字意義是「集中的營幕」，事實上就是把整千整百的被認為有政治嫌疑的人，或不自知怎樣得罪了黨老爺的人，不由分辯地拘往聚在一處，有的住在很苦的屋子裡，有的竟是同聚在露天的大場上，好像犬豕似的。現在這種「營幕」有數十處，宛轉呻吟在這裡面的有五萬人左右，時時還有大數量的補充。這裡面最慘的是鞭撻，打得死去活來的鞭撻。打時用的鞭是牛皮做的，中間鑲著一條鋼。這種牛皮鋼鞭，也就是犯人們自己做的。打的數目由二十五下至七十五下不等。從前做過社會民主黨或共產黨職員的，拘入後不問有何理由，普通的規矩是先須赤身打一頓。素以模範見稱的達浩（Dachau）「集中營幕」，去年八月十八日的前一日拘進二十五個人，在這一天都毫無理由地被拉出來赤身鞭撻一頓，算是行入門禮，最淒楚的是住在附近的犯人聽著被打者的慘號的哭聲，打得昏倒過去了，有醫生打針救回來，醒後再打！

去年七月，柏林的「祕密警察」抓去一個音樂家，被指為嫌疑犯，被引人一個囚室，裡面燈光如豆，黑暗得很，有八個S.S.（黑衫黨員，稱防衛團，亦即國社黨員，其地位較S.A.即褐衫者高，穿褐衫者稱衝鋒團）在那裡等著。因室裡面只中間有一張桌子，他被伏縛在上面，兩腳有繩縛住，兩個S.S.拉著他的手臂，兩個S.S.同時開始鞭撻，叫他招出同伴的人。他只被打四、五下的時候，已痛苦難受，用手掙扎，腳上的繩被弄斷了，他用力掙起來，請他們把他立付槍決，情願速死。他們哪裡肯許，綁上去再打，他痛不可當，大呼：「招了！招了！」於是再打幾下之後，被拖到樓上另一個地方去，他上梯見一玻璃窗，即打算自殺，跑上去把玻璃打破，割破手臂間的血管。S.S.趕上來打時，見血流如注，才把他銬上，交給獄卒帶去，獄卒替他塗上一些碘酒，把布包紮起來。後由一個醫生很粗暴似的來驗視一下，睨視他手上的包紮和背上的傷痕，問打了幾下，獄卒答說「十五下」。

挨了種種的拷打酷刑，還有代守祕密的責任。萬一幸而得以生還，固然是應該三緘其口，就是在拘留所裡，也須守口如瓶。據說有一個「祕密警察」的警官偶而看見了一個這種犯人的面上傷痕一塌糊塗，問他：「為什麼這樣？」這個犯人很不識相地回答說：「我是曾經被打的。」這警官聽了接續打他幾下，申斥道：「你胡說八道！這裡是向不打人的，不要忘記！」這個犯人趕緊低聲下氣地求饒道：「我誤會了，以為你要知道真實的情形。現在我知道了，我是曾經跌了一次，把自己跌傷的。」

這類行為是出於「祕密警察」和S.A.及S.S.一班人物，是國家法律所不能制裁的，而且是不許外人知道的，可稱為「祕密的恐怖」，此外還有所謂「合法的」恐怖。因受這種號稱「合法的」恐怖而被砍頭者之多，為德國從來所未有。因為這些砍頭的罪還經過形式上的法律程式，所以不很受人注意。其實它的恐怖程度並不減少，因為這類法律是追溯已往的，有許多被認為犯罪的事實，或甚至虛構的口實，都是在一九三二年的事情，而殘酷的新律卻是去年才頒布的，卻引來責罰在未有這種法律以前所發生的事情。例如有六個工人於去年十一月在科隆（Cologne，德國西部的一個重要城鎮）被砍頭，據說是因為在一九三二年殺了一個褐衫黨人。其實這裡面有幾個犯人，一點沒有殺人的證據，還有其他的，法庭也無法否認他們不是出於自衛的行為，因為在那時各黨鬥爭的時期內，褐衫黨人謀刺別人的也不勝其數。但是這六個人的腦袋竟被砍掉，而且是用斧頭很笨拙地硬砍一陣，死得很慘。據當時目睹的人說，形狀之慘，非筆墨所能形容，所能說的，是當時這六個人都很勇敢地就死就是了。

倫敦《每日快報》駐德特派記者史蒂芬斯（Pembroke Stephens）最近（本年五月

底）因通訊觸怒德當局，被德當局逮捕，最後被驅逐出境，據他說在德國警局裡，曾聽到婦女的呻吟聲，又看見牆上掛著不少砍了頭鮮血淋漓的屍身相片，宛轉掙扎而死的慘狀。他便向伴著他的幾個偵探詢問，說據他在德所聞，犯人和政治犯被砍頭時，是由劊子手拿著斧頭當面向仰臥的人砍下去，他們極力否認，說並非當面，不過用鐵鍊拖到砍頭架上，由劊子手從犯人背後砍過去。其實「當面」也罷，「後面」也罷，不用槍決而用殺頭（死非其罪還是另一問題），殺頭不夠而還要用斧頭來亂砍一陣，這也算是日耳曼文化或文明的極端表現了！

這類恐怖，被認為「劣等種族」的猶太人固然遭劫最慘，被尊為「優秀人種」的日爾曼人也在所不免。

歷史上的大革命，雖都難免有一段恐怖時期，但像這樣無人道的慘酷情形，尤其是在文化比較進步的近代，卻絕無僅有。況且說不上什麼革命，實際乾脆是反革命，這種殘酷的恐怖就簡直是向文明人類挑戰了。

一九三四年六月三日，倫敦。

運動大檢閱

我們在莫斯科開始參觀的第二天（七月二十四日）下午看到莫斯科的「運動大檢閱」。據說這天是蘇聯的「青年日」，全國各城市都舉行這樣大規模的「運動大檢閱」。蘇聯每乘著對於大眾有重要意義的事情，便動員大多數人作集團的遊行或檢閱，藉以鼓舞大眾的振作精神和前進的勇氣。像這天在莫斯科所見的這種「運動大檢閱」，也含有這同樣的作用。

這天參加「檢閱」的男女青年有十餘萬人，下午六點鐘在紅場會齊受檢閱。在下午三點後，在街上隨處可見健壯的男女青年列隊挺胸緊步隨著軍樂隊向前進發。各隊男女都穿著運動衣，這運動衣的花樣很多，顏色也不同，都很美觀，聽說都是由運動員所屬的工廠供給的，毫不取費。運動種類有駛船、網球、足球、槍擊、團體操種種。駛船運動員各人肩上負著一把槳。持網球拍的男女列隊而行者就有一千五百人之多，網球本是有閒階級才玩得起的，現在也這樣的「普羅」化了。乘腳踏車的運動隊亦有數千人，這些腳踏車也是工廠盡義務供給與該項運動員的。有許多男女青年的槍擊隊，持槍作待擊勢。他們和她們經過街上時都邊走邊唱歌，步伐整齊，歌聲宏壯，誰看了都要為之精神一振。不講全部的健康美，就是許多健美的裸露著的臂和腿——想像幾十萬條的健美的裸露著的臂和腿同時突現於你的眼簾——也就夠欣賞了。

在紅場各種運動員整隊前進，在每一處每分鐘走過者約以八百人計，也要三小時才走完！全體在紅場中匯聚時，萬頭攢動，蔚為奇觀。每隊向前進發時，莫斯科體育委員會（Moscow Physical Culture Council）的負責人安季波夫（Antipov）等向他們行軍禮致敬，他們同時歡呼聲震天。安季波夫向全體詢問：「你們準備好了嗎！」全體應聲：「準備好了！」這一問一答是在蘇聯一種最重要最通行的問答。準備什麼？準備建設新社會的工作，並準備保護這新社會的防衛。說得簡單些，便是「為工作和防衛而準備」。

「為工作和防衛而準備」，這是蘇聯在現階段中積極提倡體育的最主要的目的：造成健康的青年，使他們能負起建設新社會所須努力的工作，並能負起防衛這新社會所須執行的責任。他們提倡體育，既把這個最主要的目的做出發點，所以：

（一）所謂體育，並非尋常所謂「運動」（Sports）——即擅長運動技術中一技之長，如快跑或跳高之類——所能概括，乃是為準備能善於工作和防衛起見，使全部身體獲得有系統的和普遍的發展，因此於練身之中，同時要注意陽光、空氣和水的儘量利用，使全身機構由此堅強；同時要注意在工作時候以及在家裡時候都有合於衛生的習慣。

（二）體育的實施，力求普遍於大眾，並不限於養成幾個打破紀錄的運動員，所以在蘇聯，運動的組織並不以打破紀錄的本身為目的，最多不過藉以吸引更多的人來參加，而且每兩年須由醫生檢驗身體，注重全部身體的健康，避免只顧打破某項紀錄而反致妨害全部健康的流弊，因為這樣的運動員既不宜於工作，也不宜於防衛。我們只須看蘇聯的運動員，一來就是幾十萬人列成大隊，簡直只看見集團，不看見個人，便可概想所謂普遍化的意義了。

（三）增進健康，其主要目的不但在增加工作的精力，而且也在增加防衛新社會的實力，所以「為工作和防衛而準備」的徽章非常受重視。這種銅質徽章上面鑄成一個運動員的模樣，並鑄著 GTO 的字樣。（G 代表俄文 Gotovo，意即準備；T 代表 Troudon，意即工作；O 代表 Oborona，意即防衛。）在這天許多運動員的大隊中，你能看見不少男女青年胸前左邊掛有這樣的 GTO 徽章。不但在這一天，就是你在平常夜裡到公園去看時，也可看到那時已脫下工作時的衣服，穿上漂亮衣服的女工們，在這漂亮的衣服上也常掛著這樣 GTO 徽章。這是他們或她們的榮譽！因為要獲得這徽章，須經過許多類的體育試驗及格，尤其注意的是近代兵士所必具的種種能力：例如瞄準（即開槍用的）、游泳、搖槳、騎馬、乘機器腳踏車、開汽車等等。得到這樣徽章的人，即表示對於這些能力都已具備，也即是表示已有「為工作和防衛而準備」的資格了，這當然是這新社會裡面的一個公民的榮譽。依統計所示，一九三二年——即第一次五年計劃的末年——在蘇聯六百萬「體育員」（Physical Culturist）裡面，經過試驗獲得 GTO 徽章的只有六十萬人，而在「運動大檢閱」的這天，據安季波夫報告，去年（一九三三年）獲得這徽章的已達六百萬人，今年（一九三四年）還只半年，獲得這徽章的已達六百萬人，這是怎樣地猛進！「為工作和防衛而準備」是怎樣地在那裡猛進！

蘇聯關於體育方面的組織和計畫的中心是特設的體育委員會，下列各部分關於全部體育上的工作，都歸該會作統一的主持：教育人民委員部（即各國所謂教育部，下類推，該部所處理的體育工作關於學校和大學方面）、健康人民委員部（關於醫院、休養所、恢復健康的特殊區域）、海陸軍人民委員部（關於紅軍）和工會總部（關於各工會和各機關的體育組）。由這裡也可以看出體育所概括的範圍之廣。這無足怪，因為「為工作和防衛而準備」是大眾的事情——是他們為著他們自己的新社會而努力的事情。

一九三五年一月四日，晚，倫敦。

謁列寧墓

八月九日下午參觀了布爾穴俘公社之後，由莫斯科的郊外回到城內，順便彎到紅場，去看列寧的墓，因為這墓在下午時五後才開放給大眾看。每次在這樣開放的時候，往往有兩三千人在墓前的紅場上排成蜿蜒曲折的雙人隊，順序等候著走入幕門去瞻仰這位革命領袖。我們這天共乘著三輛特備的公共汽車，到紅場時，已見有幾千人排著雙人隊在那裡等候著。他們向例對外國來賓特別優待，可不必在這長隊中等候，先行進去。所以我們這三大輛汽車裝到的八九十個「外國來賓」占著便宜，下車後另外排成一個雙人隊，先行進去。

列寧墓背著克里姆林的高牆，前面便是叫做「紅場」的大廣場——遇有閱兵或是其他遊行大會，都在這裡舉行。墓的全部是用深紅色的大理石建造的，雖不甚高大，而氣象卻非常嚴肅。門口有紅軍的兵士兩個持槍守衛，矮矮的門上刻著俄文「列寧的墓」字樣。進門之後，有石階引著向下走——向地窖走。向下走時，轉過兩三個彎，在每一個轉彎處也都有紅軍的兵士持槍守衛著。我們這兩人一排的隊伍很靜肅地向下走，最後走到一個地窖，靠牆的周圍是略凸的兩人一排可以通行的行人道，中央便是列寧的玻璃棺所在處。這玻璃棺是三角形（尋常的棺材是長的四方形，棺材頭是四方形，列寧的玻璃棺是長的三角形，棺材頭是三角形），全部是玻璃造的，裡面有電燈很亮地照耀著，腰以下有絨氈罩著，腰以上全部現出；身上穿的有人說是工人的衣服，看上去是古銅色的嗶嘰製的，形式和在中國所謂「中山裝」的一樣，兩臂都放在外邊，一隻手放在腰際。枕頭是紅綢製的，頭上沒有戴帽，可看見紅黃色的頭髮，中央已禿。宛然如生，完全像閉著眼在睡覺。棺的兩頭各有一個紅軍的兵士持槍立正著，氣象很嚴肅。我們想到列寧雖死，他的後繼者仍能本他的主義和策略，努力向前干，天天在那裡建設，時刻在那裡發揚光大，他雖死而未死，中國成語所謂「雖死猶生」，他很近似，所以就算他不過是閉著眼在睡覺，也未嘗不可。

我們兩人一排的長隊，很靜肅地在這玻璃棺的四圍走過，大家的眼睛當然都齊集在這玻璃棺裡的「閉著眼在睡覺」的那位人物。出來的時候，還看見紅場上成群結隊的數千人在那裡等候著。

在歸途中，縈迴於我的腦際的，還是剛才看到的在那玻璃棺裡的「閉著眼在睡覺」的那位人物。在蘇聯的建設得著了成功的今日，我們也許很容易想到他的成功，但我在此時卻想到他在失敗時期對於艱苦困難的戰鬥和克服，卻想到他的百折不回、屢敗不屈的精神。

他的三十年的政治活動可當作一部戰鬥史讀。

讀過俄國革命史的人都知道在革命鬥爭中有布爾什維克（Bolsheviks）和孟什維克（Mensheviks）的對立，前者是由列寧領導的。他對於孟什維克始終不肯馬虎遷就（因為他看準了布爾什維克政策的正確，孟什維克路線的錯誤），在當時卻有不少人希望這兩派能合作，怪列寧固執，責他毀壞了黨，甚至於說：「假使他在什麼地方失蹤、死去，那是黨的多麼的幸運！」孟什維克的健將丹因（Dan）也說過這樣的憤語，列寧的一位最忠實而勇敢的老友克爾日扎諾夫斯基（Krzhizhanovsky）曾對丹因問道：「一個人怎能毀壞全黨，而且他們抵抗這一個人就那樣無用，以致詛咒他快死？」丹因回答得很妙，他說：「因為沒有別一個人像他那樣每天二十四小時都為著革命忙，除想著革命沒有別的念頭，甚至在夢中所見的也只是革命。你想像這樣的一個人，你能奈他何呢！」

說列寧繼續不斷奮鬥，這固是事實，但我們如不再作進一步的研究，這種說法仍近於膚淺。尤其重要的是他的革命的行動——百折不回的鬥爭——是根據於他對於主義的澈底的了解和信仰，他拿住了這個舵，無論遇著什麼驚風駭浪，別人也許要嚇得驚惶失措，在他卻只望清彼岸，更加努力向前邁進。他在無論如何困難、艱苦和失敗的時候，他的信仰從來沒有絲毫動搖過——我認為這是他所以不受失敗沮喪的最大原因。

當一九〇六年全黨代表在斯德哥爾摩開會的時候，孟什維克占多數，列寧所領導的一派失敗，他的信徒有些不免垂頭喪氣的，列寧咬緊牙根，對他們說道：「不要埋怨，同志們，我們斷然要獲得勝利的，因為我們是對的。」他在失敗中認為「斷然要獲得勝利」，這不是空中樓閣，是有「對的」根據。有正確的主義做根據的策略，才是「對的」策略。

但是「對的」政策卻也不能自動——不能由袖手旁觀而坐待其成的——必須有

義無反顧、勇往直前的努力，才有達到目的的希望。列寧在被刺的前一刹那，在米契爾生工廠（Michelson）裡工人會議中演講，最後一句話是「非戰勝即死亡」，這不是一句空話，他的一生便是這句話的表現。

還有一點也很重要：列寧一生的政治活動，始終不是立於「個人的領袖」地位，卻總是代表著比任何個人都更偉大的一個以勤勞大眾為中堅的大「運動」，這運動在他未產生以前就存在，在他死後這繼續著下去的。

一九三五年二月一日，夜，倫敦。

開放給大眾的休養勝地——克里米亞

我們於八月十八日參觀了世界上最偉大工程之一的第聶伯水電廠之後，於當夜即乘火車向克里米亞進發，十九日晨到克里米亞西南尖端的名城塞凡堡（Sevastopol），和碧綠汪洋的黑海作破題兒第一遭的見面禮。

諸君如翻開地圖，看到黑海，觸到你眼簾的有個不規則四邊形的半島伸入海中，面積一萬五千餘方哩，和大陸（接著南烏克蘭）接連處只有三四哩闊的一個海峽，這便是克里米亞半島——是開放給大眾的全蘇聯的休養勝地！

克里米亞是歐洲著名勝景之一，而在從前的俄帝國已是全俄最美麗的區域，所以那時的貴族和富有的布爾喬亞便作為他們獨占著享福的地方，在南方沿海，由他們建築了不少宏麗的別墅和宮邸，不是勤勞大眾所能夢想踏到的區域——這是距今不遠的十八年前的現象。但是在革命之後，卻成了開放給大眾的全蘇聯的休養勝地！從前為少數剝削者所占有的無數別墅和宮邸，現在都成為勤勞大眾的療養院和休養院了！這是多麼痛快的一件事啊！

這半島上的高山崇嶺，由西而東，蜿蜒不絕，其特色是大部分的山頂都是平的，這種平頂最大的有幾哩廣闊，彼此之間有低平的汽車路聯繫著。因四季氣候都在溫暖中的緣故，全年青翠欲滴，鳥語花香，別有勝景。在南方沿海一帶，因有平均三千尺高的山嶺為屏障，和大陸隔開，阻擋著北方和東北方的冷風和暑炎，只引進南方和西南方的溫和的清風，舒適的氣候，成為休養或恢復健康最適宜的區域。據氣候專家所研究，最合宜於人類身體機能發展之理想的氣候是華氏表五十度。身體孱弱，或病後身體虛弱的人們，要增強體力，或恢復健康，都需要溫暖，是忌變化過甚的氣候。克里米亞的勝地如雅爾達每年中的平均氣候都約在華氏表五十五度，最近於理想的氣候。據過去二十年間的觀察統計，全年中氣候的差異，不過二點〇七度，所以全年幾全在春秋兩季中過去。太陽的光線對於療養有很大的效力，而在克里米亞南岸每年可享到兩千五百小時的陽光，每天平均有七小時的陽光。因為近著黑海，空氣的清新，海濱的游泳和日光浴，更是極便利的享受。而這些宜於健康的種種優點，加上青山、叢樹、綠茵、鮮花……，便成了無雙的福地！從前是少數人的福地，現在是最大多數人的福地了。在這「福地」，各療養院可容納的人數在兩萬以上；此外尚有醫院六十所，每所有床位兩千左右；診治院約有百所；設備完善、規模宏大的肺病研究院一所。每季由各地到此「福地」來療養或是例假中到此休養遊玩的大眾，至少在二十萬人以上。（該半島的居民約八十萬人。）

我們往遊克里米亞，最重要的目的地是在該處第一美麗的名城雅爾達，不過便路彎到塞凡堡，在該處僅作一日的勾留。我們於十九日晨到塞凡堡後，即乘車往博物館參觀克里米亞戰爭油畫及戰場遺蹟。這戰爭是一八五四年俄皇要瓜分「近東病夫」土耳其所引起的英法聯軍，是歷史上帝國主義爭奪的一幕名劇。油畫的宏大和布置，和我在比利時所見的滑鐵盧戰爭的油畫的規模和布置方法，簡直是完全一樣。當時該城被英法聯軍包圍至十一個月之久，據軍事家所推測，當時所用的軍火的總量，各堆成土墩，可達二百八十尺寬闊，三百三十尺高。殷血盈河，全城為墟，所爭者不過是帝國主義所欲得的贓物罷了！

但塞凡堡在那時是俄帝國主義的堅壘，後來在革命時期中，卻成為革命運動的一個重要中心，其最著的是一九〇五年黑海艦隊的起事，震動全國，雖一時被帝俄政府壓平，但實為一九一七年革命的先導，為俄國革命史上最光榮的一頁。

下午我們去參觀希臘古城，和希臘羅馬所遺留的古物博物館。希臘在黑海一帶的殖民地經營，開始於西曆紀元前的第八世紀末葉，距今近三千年了。這三千年前遺下的所謂希臘城，沿著黑海之濱，僅是東一大堆、西一大堆的殘垣廢址，有幾處是由地下發現開掘的，在當時也許是廣廳大廈，現在僅是大地窟中的幾面殘破的厚牆和崎嶇不平的石砌地面罷了。所仍然無異的，大概只是立在這古城上可望見的那附近的黑海波濤洶湧怒號的聲音吧。

我們回時途中還看了一個著名的地方叫「Balaklava」，據說這是該處土語，譯意為「魚網」，是在海灣中的一個捕魚的區域。水面平靜如鏡，兩面青山高聳，沿岸有無數講究的洋房，在從前是許多貴族富豪的別墅，現在也都成為工人的休養院了。爬到一個山頂危岩上，有個天然的石門，可遙望海上波濤，但因山勢崎嶇，雖享到「遙望」的眼福，卻爬得一身熱汗！據說該處的漁業原來也是由少數資本家所壟斷的，現在也採用「集體」的辦法，不在剝削者的手中了。

我們於八月二十日晨由塞凡堡乘汽車經五十五哩的山路，乘了足足四小時的汽車，才到雅爾達。但是在這長途中，一面為峭壁危岩的高山，一面為深綠無際的黑海，汽車由山岩旁的坦平汽車道上溜過，景緻絕佳。汽車經過最高處為山上一個山洞，像一個大石門似的，高出海面約近兩千尺，叫做「背達門」（Baydar Gate）。一出這個石門之後，路勢倏然下降，半島的南岸幾於全部在望，而黑海更像全在我們的腳下了，景象偉麗，得未曾有！

在途中時，大家擠坐在一起，東張西望，賞心說目，不覺得疲倦，也許是忘卻了疲倦，可是中午到了雅爾達的時候，汽車停了下來，大家才叫著坐得腰酸腳軟！但是一下了車，精神又為之一振，因為空氣的清新，風景的美麗，陽光的和煦，清風的爽朗，我們竟好像到了瑞士！雅爾達原來是在一個山麓，我們所住的旅館，後面便是碧綠的山，前面便是碧綠的海，（只隔著一條平坦清潔的柏油馬路，）我們是陶醉在碧綠的環境中了！尤其使我興奮的是在馬路上所見的從游泳沙灘上次來的或剛去的男男女女，有的拿著大毛巾，有的拿著一個放衣服或毛巾零物的小提箱，多是些粗手粗腳

開放給大眾的休養勝地——克里米亞

的工人，或土頭土腦的農民，這提醒我們是到了開放給勤勞大眾的休養勝地了！

一九三五年三月三十日夜，倫敦。

雅爾達

克里米亞半島是全蘇聯最美麗的區域，而雅爾達則為克里米亞半島上最美麗的區域。這最美麗的雅爾達，後面有四千尺的高山為屏障，前面是半圓式的凹進，被黑海包圍著，差不多沒有一所屋子沒有花園，青山碧海，全城浸在青翠的環境中，沿著海濱便是無數的游泳沙灘（有的上面是卵石）。

我們於八月二十日初到的下午，旅伴中就有不少對著這些游泳沙灘躍躍欲試的男女朋友們，二三成群的，分往一試身手。我也被幾位朋友拖去。我的游泳工夫雖十分「蹩腳」，幸而在中學時代，有一個暑假住在上海青年會的學生寄宿舍裡，曾經學過一些，不然，被這些英美的男女朋友拖去，倘只作「壁上觀」，卻是一件難為情的事情。可是他們膽大，敢游到幾十碼以外的海面去，浮沉自如，縱橫如意，我就只敢在海濱近處游游，免遭滅頂之禍！

雅爾達

我在雅爾達三天，被這班朋友的勁兒所鼓勵，幾於每天於參觀餘隙，都隨他們到海濱去游泳一些時候。這種游泳也確是異常舒服。岸上像黃金似地鋪滿了陽光，脫去衣服，晒得暖暖的，往海裡一鑽，那水裡的溫度，使你好像冬季鑽在溫暖舒適的被窩裡一樣，簡直捨不得出來！最自然的是在好幾處的沙灘上，蘇聯的男女游泳者都不穿游泳衣，全身脫得精精光，習慣成自然，大家一點不覺得奇異。許多美國來的男女朋友更喜歡依法泡製，因為在美國是要受警察干涉的，在這裡便儘量可以這樣自由。(英國男女本來是比較守舊的，到此也受著環境的影響，不再守舊了。）我臨時買的一條游泳短褲，也被一位朋友搶去，不許穿！我也只得追隨著他們做做「自然人」了！(其實一人如單獨穿著一條短褲，反而為眾目所集中，本來也不能穿。）赤裸裸一絲不掛，夾在許多男女朋友裡面搖搖擺擺，談的談，走的走，大家很自然，我至少也要裝作很自然的樣子，後來的確也真覺很自然了。這倒是我生平破題兒第一遭！這些英美的男男女女，人人都會游泳，而且都興會淋漓，這也是他們體格健強的一個原因吧。

在雅爾達的海濱游泳當然是一件愉快的事情，但是我的目的不在游泳而在參觀——有的美國學生竟用全日工夫在游泳裡面，或至少有許多時候在海濱上——八月二十一日第一次所參觀的是利瓦迪亞（Livadeia）。這是帝俄羅曼諾夫王朝（House of Romanov）最末了的一個皇帝尼古拉二世（Nicholas II）在最美麗的雅爾達遺留下來的一個最美麗的別墅，現在卻成為工農大眾的一個最好的療養院了！

這個別墅建築於一九一〇年，全部用白色音克門（Inkerman）石和大理石建成，屋為三層，周圍是奇花異草豔美無匹的花園。從花園到這三層的宏麗皇宮，有一個門在從前是專備俄皇一個人用的。在這門口地上有個馬蹄鐵（即馬腳下釘著的鐵蹄，像U形吸鐵一樣），據說是尼古拉二世親手釘的。歐洲有一種迷信，認為拾得馬蹄鐵是好運道的吉兆，要把它釘在門口，但是要把U的形式開口處向內，認為這樣好運道才會向裡跑。有著同樣迷信的尼古拉二世卻把這馬蹄鐵釘得倒置了！他是最喜歡酗酒的，這大概是他剛在喝醉時糊塗的表現，但是他既是炙手可熱的皇帝，當時誰也不敢說他錯了。有人說，他的好運道就從此向外跑了！尤好笑的是這個「皇帝專用」的門內的大理石建造的樓梯，特別的闊，石級可特別的低，據說這是當時有意地這樣造，因為這位「沙皇」常常喝酒喝得爛醉，這樣他登梯或下梯時可用最少量的力氣，躑躅著上上下下！這可說是替懶皇帝想盡懶法子！

這皇宮內部裝設的富麗，那是不消說的。樓上皇帝、皇后及皇太子、公主等等住的房間，都是朝著黑海海濱最美的景緻。各房間裡的牆上都用很講究的木板裝著，花樣和顏色須和各房間裡所擺設的器具調和融合；而各房間裡的布置，並且須和這房間裡的窗上映進的外面美景調和融合。但是尼古拉二世到底好像真是「好運道向外跑」，雖有這樣富麗精美的別墅，他自己只到過這裡三次，每次時間都不久，還是他的家屬住得久些。可是吸盡人民的膏血以供一人及少數寄生蟲的豪奢縱慾，總算發揮盡致了！

現在這別墅作為工農的療養院，可容一千五百人。各房間裡的布置仍可看到原來的東西，但各房裡卻多了一樣東西，那便是一排一排的小鐵床，上面鋪著潔白的被墊，好像醫院裡的樣子。裡面有的是男工人，有的是女工人（另聚一室），有的是鄉間來的農民。這個療養院原指定偏重農民療養之用，所以在冬季幾全是農民來住。他們是由全蘇聯各地來的，來住在這裡，不但膳宿完全免費，就是來往的旅費，也不必自己挖腰包。這種優待，當然是那些工作特優，或為「突擊隊」隊員，工作過勞，在例假中由工會或集體農莊送來享受的。這裡有醫生、有看護，有病的可在此養病。沒有病的也可來此休養，飽覽附近的山水。這是工作後的休養，和從前僅供少數剝削的有閒階級來此消磨無聊的時光，作用便大大不同了。

尼古拉二世從前所用的浴室，現在做了這個療養院的院長辦公室！浴室和辦公室是多麼不相干的東西，竟可交換，也是一件趣聞。我們和這院長談話時，便都擠在這個尼古拉二世的浴室裡！院長穿著白布外衣，和醫院裡的醫生一樣。

尼古拉二世的臥室、天花板、地板和牆上都是用極精緻柔滑的黃楊木（Boxwood，很像柚木）造的，牆上並裝滿著鏡子，因反映作用，好像把窗外的海景、山景、園景都吸收在這個房間裡。現在這個房間裡排著七個舖位，做了女工休養的臥室。

從前皇帝和皇族用的非常講究的餐室，現在當然也做了工農勞動者的公共食堂了，每次可坐二百二十人。

這宮內的各部分的建築的形式和裝設，還有不少的花樣，有的是羅馬式，有的是文藝復興式，有的是威尼斯式等等。我們看到所謂「義大利區」（Italian Quarters），該處的廳堂、天井、走廊等等的建築布置，當然都是照著義大利的特別典型。在走廊上有一隻長石椅，據說由著名建築工程師某打樣監造，最初他依照所謂義大利式的真典型造成了一個石椅，尼古拉二世看了覺得太簡單，嫌不好看，叫這位工程師來訓斥一番，打他一個耳光，命他撤去，另造過一個。這工程師氣極了，當面又不好發作，便另打過一個新樣，並不合於什麼義大利式的真典型，在石椅兩頭的靠手上加了兩個石刻的狗頭，而且狗臉的特點（如額角、鼻子、嘴角、眼神等等）卻和尼古拉二世自己的臉暗合！造好之後，這位糊塗皇帝認為滿意！全宮的人都看得出，只抿著嘴暗笑，但因為怕犯「天怒」，不敢說明。至今這「皇帝式的狗臉」還存在，仔細瞧瞧，確和相片上的這位糊塗皇帝的臉暗合！

我們在音樂室裡遇著一個女人在那裡彈鋼琴，旁邊一個男工人立著傾耳靜聽。我們圍聚著和他們談談，知道男的是金屬工人，因他成績優異，已三次到克里米亞休養：第一次在一九三一年，是由廠裡的工廠委員會保送的；第二次在一九三三年，是由廠裡的經理部保送的；這是第三次，是由金屬工會保送的。那女工是某廠裡的突擊隊隊員，因在第一次五年計劃中成績優異，能獨出心裁想出好法子，替廠裡減少材料的消耗，由工廠委員會保送。兩人都將在這療養院裡住一個月。據說如有一定的疾病，由醫生指定最適宜療養區域；無疾病而只要休養的，可自選地方。

我們問了幾個問題之後，那女工也提出兩個問題來問幾位美國朋友。一個是他們來蘇聯遊歷有什麼目的？這個問題，他們很一致地答覆了。還有一個問題是：「你們有同樣的權利（按指優待工人如住在這療養院等等）給你們的工人們嗎？」這問題卻引起了不一致的答覆。有一位在紐約做青年會總幹事的某君答說有，有幾個思想清楚、不願說門面話的美國人老實說沒有。這位青年會總幹事對幾個美國人輕聲低語道：「你們不要使他們看不起美國啊！」這幾個美國人和這位總幹事先生竟爭做一團！那蘇聯的男女工人睜著眼發愣，莫名其妙！

在這皇宮外面沿海的一帶還有一條所謂「御道」（Tzar's Road），長約一哩，是一條很平坦的沿著海濱穿著叢林的馬路，據說是專備尼古拉二世散步用的，故稱「御道」，在從前當然也是禁地。從不夢想做「皇帝」的我們，也大踏步在這條「御道」上散了一回步！我對同行的巴爾和柏西說，那常在爛醉中的尼古拉二世能否真在這裡散步，倒是個疑問；我們卻真在這裡散我們的步了。我們在這「御道」上時時碰著一、

雅爾達

二十或二、三十成群結隊的男女工人或農民，也在來來往往遊行著，個個平民都做了「皇帝」了！

一九三五年四月二日，晚，倫敦。

物質文明與大眾享用

從倫敦到紐約的情形，記者在上次已談過一些，現在要隨意談些到紐約以後的見聞——有的是在歐洲不常有的現象。

原有一位美國朋友預先有信給我，說要親到碼頭來招呼，我到的時候，他因臨時有重要會議，不能分身，派他的一位女書記來接我，可是她和我未見過面，碼頭上的人又多，彼此竟相左。幸而我的行李很簡單，只帶了一個隨身的衣箱，便叫一輛「特格西」（Taxi），乘到一個小旅館裡去。坐在汽車裡，耳朵聽到無線電播音的音樂，以及當天新聞的報告，原來是汽車裡裝有無線電收音機，這倒是我在歐未見過的，可說是美國在利用機器方面特別發達所給我的第一個印象。

講到利用機器，在紐約所見構，可說是一個特色；後來在各處所見的，亦多能表現出這個特色。他們利用機器來大量生產，這個美國所尤著的特色，是大家所久問大名的；但就小的事情說，卻也很有趣味。例如你在小咖啡店裡，可以看見他們售賣一種頗像中國燒餅一類的食物，名叫「Doughnuts」，在櫃臺裡的一角放著一個白亮清潔的機器，專煎這種餅，有自動機件把麵粉液料送人油鍋，煎好後又有自動機件將餅送到機器內的另一部分把它排列起來！用不著有人在旁看著，只須隔若干時有一個人過去把排列滿的油餅另置一處罷了。這機器是用白鋼造成，巧小玲瓏，不但排在櫃臺後清潔美觀，簡直好像是個活人在那裡工作。回想到我們的油條燒餅店，油鍋旁的齷齪，一塌糊塗，雖在炎夏，赤膊流著汗的工作者要一天到晚立在酷熱逼人的爐旁苦幹，情形相去真是太遠了。

又例如我在一家「自助菜館」（cafeteria）裡看見一個女堂倌，把一疊一疊客人用過的懷盤，從牆上的一個方洞裡放入，這方洞裡好像有個小電梯，繼續不斷自動地把這些待洗的杯盤送下去，瞬息間又自動把這些杯盤從隔壁另一個方洞裡送上來，便是已由蒸汽洗得乾乾淨淨的杯盤，拿出來便可應用。幾千人用膳的大菜館，如用人工來洗碗，怎樣地費時間、費工夫，可以想見，但是有了這樣的機器，不但有消毒的功效，而且迅速簡便得多了。

又例如他們有所謂「自動菜館」(automat)，在牆上裝有許多白鋼製的小格櫥，外面裝有玻璃，你可以看見裡面排著的食物，有的是一盤布丁，有的是一盤「三明治」，有的……裡面有電光烘托著。小格櫥旁面列有價目，並有放入「尼枯」(nickel，美國最小的鎳角子，值五仙)的小洞。你要吃什麼，只須把一個或幾個「尼枯」放入，用手把格子旁的一個小柄子一拉，那小玻璃門即豁然展開，你把那盤菜拿出來，自己拿到一張桌上去吃。那個小格櫥空了之後，櫥內會轉動的後壁拍達一轉，又有一盤食物放在格子裡面，那小玻璃門也會自動關上，等第二客人來選取(這是限於冷盤，關於燒熱的菜餚，辦法不同，茲避煩不贅)。

像牛奶或咖啡等飲料也有相類的裝置，不過不是小格櫥，卻是在牆上裝有好像自來水龍頭(構造講究，好看得多)，你只須把「尼枯」放入這龍頭旁的小洞內，把龍頭上的小柄一拉，一面拿一隻杯子盛著(這杯子是排置好，任你取用的)，那牛奶或咖啡會汩汩流出，流到你投入的價值所能買的份量，便突然中止(大概可盛滿一杯)。倘若你要再來一杯，便須再投一次「尼枯」。總之利用機器以省卻人工，這種「自動菜館」亦可作一個例子。(在這種「自助菜館」或「自動菜館」裡用膳，都無須小帳。)

上面提起「自助菜館」，我想附帶說明這種菜館的大概情形。所謂「自助菜館」，在倫敦只見過一家，在紐約卻隨處都是。這也可說是紐約特有的情形。其中的情形大概這樣：你進門之後，看見一隻小箱子，好像郵政信筒似的，上面有一張像電車票的小紙片，從一個小長方洞裡露出一半，你把這張小紙片抽出時，這洞裡會「鐺」一響，自動從裡面又露出一張小紙片來。這小紙片上印有數目字，大概自5、10、15等等至100，表示自美金五仙至一圓。你拿著這張小紙片後，自己到一處去取一個大木盤，再到一處取了刀、叉、匙及「納拍卿」（napkin，食時放在膝上的手巾，用紙做的），放在盤上的一角。然後自己把這木盤捧到一個長櫃上，這櫃是用玻璃鑲好的，你可看見你所要吃的東西。沿著這一排的玻璃櫃，裡面放置著許多食物，由小菜、魚、肉、青菜等等至麵包奶油。你要什麼，櫃裡的堂倌（大多數是女子）就給你什麼。等到捧著這個木盤走完這個玻璃櫃，木盤上的食物當然擺得不少了（多少隨你自己的便），那裡另有一個女執事看一看你的木盤上的東西，很迅速地知道共價若干，在你所拿著的小紙片上戳成小孔；倘若你拿了三十仙的東西，她就在這小紙片上「30」的數字上戳個小孔，餘類推。經過這個手續之後，由你自己捧著這一木盤的東西到一張桌上去大嚼一番。吃完就聽任用過的杯盤留在桌上（另有女堂倌來收去），只須拿著原來的小紙片到出口處的收款處照付價錢。這樣的「自助菜館」雖只是進口處的票箱（即裝小紙片的小箱）有著自動的作用（較大的「自助菜館」也用機械來洗碗，前已談及），但大半都是客人自助，人工可減至最低限度，價錢也可比較地便宜。這種「自助菜館」多少含些大眾化的性質，闊人很少到的。

讓我們回轉來再談到機器在美國日常生活中的利用。像上面所談到的汽車裡裝置無線電播音，小咖啡店的油餅機，「自動菜館」的小格櫥，「自助菜館」的票箱及洗碗機等等，事情愈小，愈足見利用機器於日常生活的程度。此外在他們的交通方面，也很可見到。柏林的交通以懸空電車為主要，巴黎的交通以道地車為主要，紐約的交通，兩樣都占著主要的地位，地下和懸空，都有電車來往。像曼哈頓和長島之間，隔開一條哈德遜河，河底下也開著地洞，有地道車在河下面穿來穿去。在地道車的站上，不用人賣票，也不用人查票，只在進口處有個小機，你把一個「尼枯」投入一個小孔裡，就可推開那進口處十字交叉形的鐵架子。出口是另一處，該處的裝設，只能出而不能進，也用不著有人工在那裡照料。

科學進步，儘量利用機器以代人工，一方面可使人類的幸福增加，物質享受豐富；一方面可以減少工作的需要，使人們得多多剩出時間，多多增加文化上的享受。就第一點說，既能利用機器來作大量生產，物質的享用應能愈益普遍於一般人民，因為生產既多，照理消費也隨著容易。就第二點說，既能利用機器於日常的生活，一般人的勞力照理可以減少，原來要每日工作八小時的應可減為七小時，七小時的應可減為六小時，後來乃至各人的工作時間都可減為兩三小時，大家可以剩出許多時間來研究自己所喜歡研究的學問，來遊山玩水，來聽音樂，來欣賞文學，以及其他種種文化上的享用。就我們所看到的歐美的生活狀況，固然覺得利用機器的程度，以美國為最顯著，但是關於上面所說的兩點，仍然相差得很遠很遠，這裡面的原因很值得我們的注意。

在資本主義發展特甚的美國，他們一般人的生活，當然比半殖民地「注定苦命」的人民好得多。尤其是在資本主義繁榮的時代——這當然是已過去的時代，資本主義的國家固然不能再希望有這樣時代的重演，半殖民地的國家更沒有重演資本主義繁榮歷史的可能——資產階級還能於大量的利潤之外，分些餘瀝來施捨給勞動階級，使維持勞動力來供他們的更進一層的剝削。可是重要的目的還是在維持資產階級少數人的利益，機器的利用是為著資產階級的牟利，其根本動機原不是為著大眾的享用。英國為世界工業國的先進，這是我們所知道的，但是英國利用機器以作大規模的生產，其程度終不及美國。這是因為美國是比較新的國家，一切好像從新做起，沒有舊的東西值得他們的顧慮，要用最新的機器就用最新的機器，這在當時是和資產階級牟利的目的沒有妨礙的。英國便有些不同，工廠裡既裝設了某種格式的機器，一旦要大量改換最新機器，這卻先要在私人的算盤上算一算，倘若在私人的營利上不合算，還是作為罷論吧。

自一九二九年世界經濟恐慌既成「不速之客」以後，英國固然和美國同樣鬧著不景氣，但是在英國因為利用大規模機器的大量生產不及美國的「大」，比美國多少易於維持一些，你可在英國的刊物上（當然是資產階級的刊物）看出他們對於此點的沾沾自喜！為一般人的福利計，本應該儘量利用機器來從事大規模的生產（像現在蘇聯就是這樣），生產多了，消費的東西也可以多起來，一般人的需要當然也可以比較易於滿足起來。但是在英國和美國，我們雖都看見勞苦大眾缺乏消費的東西，而在英國則以大量生產不及美國的「大」自幸；在美國則以大量生產反而陷入了困境！到了這樣矛看的境地，資本主義國家不但不能儘量利用進步的科學所能貢獻的最進步的機器，來增加人們物質的享用，反而是在阻礙科學對於人生的儘量貢獻！大眾在需要上要求儘量利用機器的大量生產，而日暮途窮的社會制度卻在竭力妨礙儘量利用機器的大量生產！

試再就紐約說，以該城利用機器於日常生活的程度，屋子裡有冬季有熱水汀(Steam)，有熱的自來水洗澡，這應該是很尋常的事情吧，但是你如到紐約的「東邊」(East Side)，(東倫敦是倫敦工人區域的貧民窟所在地，紐約的「東邊」卻也是紐約工人區域的貧民窟所在地，可謂湊巧。)你便知道你們到了冬天往往要挨凍，因為熱水汀雖是「文明」社會的很尋常的文明設備，但享用得著的卻只是另一部分的人。在這紐約的「東邊」，你也可聽到有許多人一個月洗不到一次澡，這不是因為他們不了解洗澡有益於衛生，卻是因為沒有熱水用！我們聽到屋子裡沒有熱水汀，在我們過慣半殖民地的落伍的奴隸生活的人們，似乎要覺得沒有什麼大不了的事情，而且覺得沒有熱水汀，燒燒火爐也未嘗不是辦法。我起先聽到紐約的黑人區域（叫做 Harlem）因抗議房屋的不堪，提到有百分之幾沒有熱水汀或沒有熱的自來水，也覺得這在我們中國人是司空見慣的事情，有什麼大不了！但是在紐約從沒有看見過哪一家店鋪出賣火爐（即鐵製的燒煤取暖用的），你要未裝熱水汀，否則便不免挨凍。像我們在上海隨處可以看到的所謂「老虎灶」，他們固然未曾「發明」，就是燒柴的大灶、大鍋可以用來燒大量熱水來洗澡，在我們也許不是一件很麻煩的事情，要在他們的新式的巧小玲成的煤氣灶上燒大量熱水，卻是一件怪麻煩而不經濟的事情。所以他們要末有熱的自來水用，要未沒有熱水用。這問題當然不是沒有熱水汀可裝，或沒有熱水可得，卻是這些住在貧民窟裡的大眾所享不到的罷了。

儘量利用機器以代人工，照理不但可以增富一般人的物質生活，而且可以減少各人的工作時間，多多享受文化所給與的種種愉快生活。照上面所說的情形，在「物質文明」那樣發展的紐約，還有許多人在冬天要挨凍，一個月洗不到一次澡，物質生活能豐富到什麼地步，不言而喻了。至於減少工作時間嗎？

有！不僅減少時間，而且使你時間完全沒有！這不是別的，就是在現今的世界上一個很時髦的——失業！在合理的社會制度裡面，大眾的工作時間愈減少，享用文化生活的機會愈加多。在資本主義沒落的社會裡，有許多人的工作時間完全沒有以後，物質生活已朝不保夕，至於文化生活的享受，更不必作此夢想了。像從前曾任美國復興總署（即執行羅斯福（Franklin D.Roosevelt）總統就任後所標榜的美國復興計劃，所謂N.R.A.）的負責人章生（Hugh S.Johnson），近被美國總統特任為紐約的失業救濟專員，他最近公開宣言說：「住在紐約——不但是美國而且是世界上最富有的城市——的每五個人裡面，便有一個人不能賺得他的每天的麵包。」（關於這個事實，最近九月二十八日的上海英文《字林西報》紐約專電裡也曾提到，並述及章生的宣言。）換句話說，據這位親任紐約救濟失業專員的經驗，在世界最富有的城市紐約的居民中，每五個人裡面便有一個人失業，這形勢的嚴重，可以想見。他在這同一宣言裡並有幾句很有意味的話，他說美國政府關於救濟失業的制度在目前是過於耗費了，但是假使就把這個制度廢除，「叛亂和革命在兩星期內就可在美國爆發起來！」在利用機器最顯著而成為世界上最富有的紐約，五人中竟有一人失業，而要憑藉救濟失業來暫時抑制「叛亂和革命」，這是很值得我們玩味的現象。

有些人不願想到社會制度的根本缺憾，只在空喊著振興工業的重要，他們並未想到在現狀下振興工業是否可能;即退一萬步認為可能,是否與一般的民眾生活的提高有何種益?振興工業誰都贊成,但同時卻不要忘卻振興工業——尤其是半殖民地位的國家裡——有它的重要的先決條件。美國資本主義還有過一度的繁榮時期(即在此繁榮時期內,也還有三百萬人左右的失業),這一度的繁榮時期還是它的特殊環境和特殊時代給它的機會,這已不是半殖民地的國家所能望其項背的了,而況即此有過一度繁榮幸運的美國,到如今仍不免一天一天鑽入牛角尖裡去——這當然是指資產階級方面,至於新運動方面,據記者在美的觀察,近兩年來實有長足的進步,容當另述。這種當前的事實,應能使我們睜睜眼睛,不要再胡鬧了!

因談到紐約利用機器於日常生活的特著的現象,推論到美國製度上矛盾的尖銳化,不覺已寫了這一大堆,其實上面所談到的一些瑣屑的事實,還只是其渺焉小者,以後還想就尤重要的方面,提出來研究研究。

(原載一九三五年十月十六日《世界知識》第三卷第三號。)

黑色問題

我在紐約視察研究了一個多月，接下去要談談南遊所得的印象。但是在美國的南部，有許多事和「黑色問題」脫不了關係，所以我先要略談在美國鬧不清的所謂黑色問題。

在他們叫做「Color Problem」，直譯是「顏色問題」。這「顏色」似乎是指白種人以外的有色人種的「色」，但是我到美國以後，尤其是到了南部以後，才知道他們這裡所指的「色」，在實際的應用上卻只指黑色，並不包括黃色，所以可譯為「黑色問題」，專指黑種人的問題。

在美國的黑人約有一千二百萬之多，幾占美國全國人口十分之一。其中約有九百五十萬人都在南部，受著最殘酷的壓迫和剝削。在南部的黑人中，約有四分之三是住在鄉村，在美國北部的黑人多留集於工業的城市，加入各種重工業的非熟練工人的群裡去，在鄉村的只有二十五萬人左右。在美國有九個大城市有黑人住的和其他部分隔離的區域，可算是世界上最大的黑人區。一是紐約，有三十二萬八千黑人。其次要輪到芝加哥，有二十三萬四千黑人。其次是紐奧良（New Orleans）、巴爾的摩（Baltimore）和華盛頓三處，各有十三萬黑人。此外在各小城市裡也有，不過數量沒有這樣多罷了。

在一九二九年經濟大恐慌未發生以前的十年間，黑人遷移到北方各城市裡，參加各種基本工業的，在一百萬人以上。當時在底特律的福特汽車工廠一處，就有一萬黑工；在全部汽車工人裡面，有百分之十七都是黑人。在全世界著名的芝加哥的屠場，有黑工八千人。在匹茲堡各鋼廠裡的工人，有百分之二十二是黑人。在伯明罕（Brmingham）的兩萬五千礦工裡面，黑人竟占四分之三。在肯塔基（Kenucky）西部的礦工裡面，有四分之一是黑人。在西維吉尼亞州有黑礦工兩萬五千人。夠了，多舉許多數目字，也許要惹起讀者的厭煩。但是略為舉了這些數目字，便可想像得到在美國的勞工運動中，黑人也漸漸地占著很重要的位置了。尤其是因為黑工是特別被厭迫被剝削的，所以在革新運動裡面，黑人往往是急先鋒。

在美國南部的大多數黑人，都集聚於一個很長的橫互在美國南部的區域，叫做「黑帶」(Black Belt)。這個黑帶由東而西，透過南方的十一州，其中黑人超過人口百分之五十的縣有一百九十五個，黑人占人口百分之三十五至五十的縣有二百零二個。這透過十一州的三百九十七縣，形成一個繼續的區域，這區域裡的黑人，超過全部人口的百分之五十。這裡面有二十縣，黑人竟超出全人口的百分之七十五，可說是黑世界了。說是黑世界，卻還嫌模糊，更直截了當些，可說是一個最黑暗的世界！為什麼呢？因為在這裡你可以看見號稱為人而卻是過著非人的生活。美國的白種統治階級，因為要文飾對於整千整萬的黑色工人和佃農的殘酷的剝削，同時還要煽動白色工人仇恨黑色工人，有意創造「白種優越」的偏見。這個偏見貫穿到「黑」「白」間的一切關係。

這個偏見認為只有白種是優越的人種，黑種是天生的劣種，只配做奴隸的。這個偏見發源於黑奴還未「解放」的時候。當時美國的南方大地主利用這種偏見來分化黑奴和白種的窮農（他們通稱為「窮白」，Poor White），這種「窮白」的苦況比黑奴好得有限，本來很容易和黑奴，尤其是今日的黑工，造成聯合戰線來對付他們的共同的壓迫者，但是美國的資產階級卻很聰明，極力提倡「白種優越」的偏見，一方面使人覺得黑種人是活該為奴，一方面使「窮白」感覺到他至少是所謂「優越民族」的一分子，在萬分窮苦中得一些虛空的慰藉，而且使他感覺到他的生活所以苦，是因為有著黑人和他搶工做，這樣一來，反而要幫助資產階級來壓迫黑人。就是在今日，失業和窮苦雖然是資本主義末路的必然的結果，但是美國的資產階級仍想出種種方法使白工相信這全是黑工給他們的災害！

他們除在經濟的利益上想出種種說話來分化黑工和白工外，更利用黑人的「黑」的特點，令人一望而知的特點，來加強種族的成見。把兩方面——「黑」與「白」——的生活，有意弄得完全隔離。無論是醫院、住宅、學校、街車、火車及車站、工廠，乃至種種娛樂的場所，美國的統治階級都設法使「黑」「白」分開，不許混在一起。

美國雖號稱民主政治的國家，但是一切政治的權利，黑人是沒有份的。依美國的憲法，選舉權是不應因民族的不同而有所限制的，但是在美國南部各州，卻另行透過種種法律，在實際上使黑人無法執行他們的選舉權。有的時候他們規定須先有選舉單，把黑人擯在單外；有的時候規定選舉人來取選舉票時，須能對憲法條文件「相當的解釋」，這明明是黑人所不能答覆得好的。「窮白」的教育程度本來也很差，但是白種統治階級當然有他們的妙計，透過什麼《祖父條款》(The Grandfather Act)，根據這個法律，「窮白」無論是如何窮，如何不識字，也一樣可以參加選舉；倘若有黑人漏網，敢跑到選舉處去投票，那就要被打，甚至有生命的危險！

在美國南部又有所謂《吉姆・克勞法》(Jim Crow Laws)，在街車或公共汽車上，「黑」「白」不許坐在一起，黑人總須坐在車的後部。依這種法律，城市裡面有某種區域是專備白人用的，黑人不準在該處租屋或買屋。有好些縣城，全縣都不准黑人進去，就是火車經過，黑人也只得關在車上，不許下來一步。其實這些法律是多餘的，因為白人對黑人總是要這樣做，是否合法原已不是他們所顧慮的。有一次因為有一個黑人居然敢在一個戲院裡，坐在白人的座位上(專備給白人坐的)，竟被一群盛怒的白人立刻用極刑處死(他們叫做「凌侵」，Lynching)。侮辱的情形，雖在日常的瑣屑生活上，也都不能免。無論一個黑人是做什麼的，他到白人家裡去，也須從後門進去，因為沒有白種的僕役准許他走前門。無論他是一個主教，或是博士，沒有人稱他一聲「先生」，只是隨便叫他做「約翰」，或是「約瑟夫」。關於諸如此類的侮辱或壓迫，黑人無法伸冤，因為他享不到政治的權利。他要訴諸法律嗎?也是很難的，因為這兩個民族在法庭的地位並不是平等的。白人在法庭裡所陳述的話語——除非你有法證明它是虛偽的——法庭就認為是正確的，黑人所陳述的話語非有十倍多的證明，法官便置之不理。

我在上面曾經提過「凌侵」，這是白人用最殘酷的私刑弄死黑人的行為，有的硬生生的懸在樹上吊死，有的燒死。一次有一個懷孕的黑婦受到「凌侵」的慘禍，兩腿被倒懸在樹上，胎兒從肚子裡被挖出，慘不忍睹。據說自一八八二年(第一次有關於「凌侵」的統計)以來，受到這個慘禍的黑人已超過四千人。這裡面婦女在七十五人以上，有些只是十五歲以下的女子。

為什麼有這樣慘無人道的「凌侵」?美國的資產階級對於黑人的榨取特別厲害，要維持這樣特別厲害的榨取，不得不加黑人以最殘酷的壓迫，這是「凌侵」之所由來。

但是這種慘無人道的「凌侵」，即在美國的資產階級，表面上也還覺得太說不過去，於是他們便想出一個掩飾的妙計，往往誣衊黑人強姦白種婦女！為著要煽動白工仇恨黑工，為著要更加強「白種優越」的神祕，美國的資產階級極力宣傳黑人都是「強姦專家」！（他們叫做「Rapists」）據他們在報上的公開宣傳，「凌侵」的事件，十八九都是歸咎於「強姦專家」的胡鬧。要證明這是出於統治階級的毀謗誣衊，第一件事實是：據統計所示，一八八九年至一九一八年間黑人受「凌侵」的達兩千五百二十二人，其中只有百分之十九被指為出於強姦。這是否出於誣衊姑置不論，但即據執行「凌侵」的暴徒們所指出的，也不過是百分之十九，硬說「凌侵」是為著保護白種婦女的純潔，明明是在撒謊。還有一件事實是更充分證明把強姦作為「凌侵」主因的荒謬。黑人在美國已有三百年之久，在最初的兩百年間，雖有整千整萬的黑人住在白人的附近，沒有一個黑人被人認為有「強姦專家」的資格。「強姦專家」的第一次赫然著聞於世，約在一八三〇年，距黑人的奴船第一次在維吉尼亞靠岸的時候已有兩百年了。為什麼在這個時候才有所謂「強姦專家」的出現？這是因為這一年正是北方廢奴運動的開始，也是黑奴自己爭取自由運動的尖銳化時期。經兩百年之久，黑色工人並不是「強姦專家」，一到了他們的有益於大地主們的奴隸地位開始動搖，他們便一變而為「強姦專家」了！而且在已往的五十年間，受到「凌侵」慘禍的，有七十五個婦女，難道她們也是什麼「強姦專家」嗎？

在另一方面，美國南部的地主和他們的爪牙們，卻把一切的黑色女子看做他們的合法的蹂贈品。有很多黑人因為反抗白人強姦黑女和黑婦而犧牲生命的。例如在一九三一年五月間，在維吉尼亞的法蘭克福（Frankfort），有一個黑婦危斯（Mrs. Wise）受到「凌侵」的慘禍，就是因為她反抗白人強姦她的女兒。又例如在一九三一年的九月間，在佛羅里達有一個黑人叫做培恩（Cyde Payne）的，被他的妻子的僱主所慘殺，也是因為他反抗這個僱主強姦他的妻子。在喬治亞（Georgia）有一老年的黑人受到「凌侵」的慘禍，因為他看見有兩個白人強姦兩個黑女子，奮身拯救，以致犧牲了自己的生命。

美國的資產階級雖極力宣傳黑人在身體方面有著種種可厭的特點，而在實際上，在南方的白人生活裡面，黑色婦女卻具著非常強烈的吸引力，可見他們的口是心非。有意說得黑人的不可向邇。在美國南方有六州在州憲法上禁止黑白通婚，在其他二十九州內也有法律禁止黑白通婚，但是據統計所示，美國的黑人竟有百分之八十混雜有白種血液。這裡面的情形可以想見了。這裡面很顯然反映著被壓迫民族的女性所遭受的無可申訴的種種飲泣吞聲的事實。我在美國南部弗雷明翰遊歷的時候，有一位美國朋友告訴我（他雖也是白人，但卻是熱心於美國革新運動的前進分子），那幾天正發生一件慘案，據說有一個地主強姦了他的黑色佃戶的一個未成年的女兒，她的父親根極了，用一塊錢雇了另一個黑人把他殺死！在那樣殘酷壓迫的形勢下，竟有這樣的反抗，而竟有人為著一塊錢肯那樣拚命幹一下，這都是使人發生著無限感喟的事實。

在美國南方，他們（白人）都叫黑人做「尼哥」（Nigger）。這個名稱在實際應用上含有種種不可思議的侮辱的意味，是黑人最不喜歡聽的。（猶之乎在歐美有許多地主，「材納門」也含有侮辱的意味，中國人聽了也受著很苦的刺激。）黑人情願有人稱他做「有色人種」，卻萬分不願意被稱為「尼哥」。「不過是個尼哥」，這在美國南方是一句很通行的話語，意思是說你對他便可無所不為，用不著有絲毫的顧慮。

在美國北方的各大城市裡，黑人雖也受著種種的歧視，但是因為他們有許多參加勞工運動，尤其是受著最前進的政治集團的指導與贊助，民族自信力與爭取解放之勇氣已一天天增強起來，不再是南方的「尼哥」了！他們不但在勞工運動之鬥爭中和他們的白種弟兄們肩並肩地顯出同樣的熱誠和英勇，而且也有他們自己的著作家、科學家、名記者、名律師、名醫師，證明「劣等民族」的完全出於誣衊。尤其是在紐約，你試到工人書店去看看，可以看到黑色的男女青年和他們的白色的男女青年同志共同工作著。你如參加前進的團體所開的遊藝會，你可以看到同樣可愛的兩種顏色的男女青年很自然地談話、跳舞、歌唱、歡樂。我在美國的時候，正逢著代表全美國青年的一千多男女代表在底特律城開全美青年大會，因為有一位黑色青年同志被一家咖啡店所侮辱（不願招待黑人）。全體動員包圍該店，必令道歉而後已，警察見人山人海，瞠目結舌，無可如何！這是多麼令人興奮的事情啊！比較有知識的黑色青年很明白，他們只有參加美國的革新運動，他們的民族解放才有光明的前途。

（原載一九三六年八月一日《世界知識》第四卷第十號。）

由伯明罕到塞爾馬

我因為要看看美國南方的黑農被壓迫的實際狀況，所以特由紐約經華盛頓而到了南方「黑帶」的一個重要地點伯明罕，這在上次一文裡已略為提到了。我到後住在一個小旅館裡，茶房是個黑青年，對我招待得特別殷勤，再三偷偷摸摸地問我是不是要旅行到紐約去，我含糊答應他，說也許要去的，但心裡總是莫名其妙，尤其是看到他那樣鬼頭鬼腦的樣子。後來他到我的房裡來收拾打掃，左右張望了一下，才直著眼睛對我輕聲訴苦，說在那裡日夜工作得很苦，衣食都無法顧全，極想到美國北方去謀生，再三托我到紐約時替他薦一個位置，什麼他都願幹，工資多少都不在乎，唯一的目的是要離開這地獄似的南方。他那樣一副偷偷摸摸、吞吞吐吐的神氣，使我發生很大的感觸，因為謀個職業或掉換一個職業這原是每個人應有的自由權利，但在他卻似乎覺得是一件不應該的犯法的事情，一定要東張西望，看見沒有旁人的時候，才敢對我低聲懇求，這不是很可憐憫的情形嗎？這個黑茶房又在我面前稱羨中國人，說在該城的中國人都是很闊的，尤其是有個中國菜館叫做加 Joy Young，這裡面的老闆姓周，置有兩部汽車，使他津津樂道，再三讚歎。

我依著他所說的地方，去找那家中國菜館，居然被我找到了，布置得的確講究闊綽；有兩位經理，一個姓盧，一個姓周，他們雖然都是廣東人，我們幸而還能用英語談話，承他們客氣，對於我吃的那客晚飯，一定不要我付錢。據說該城只有中國人四十五人，都有可靠而發達的職業，有大規模的中國菜館兩家，小規模的中國菜館一家。因為那裡的中國人在生計上都很過得去，衣冠整潔，信用良好，所以該城一般人對於中國人的印象很好。後來我見到R君（即熱心照呼我的一位美國好友，詳上次一文），問起這件事，他也承認在該城的中國人比較處境寬裕，但是因為這樣，他們自居於美國資產階級之列，對於勞工運動很漠視，贊助更不消說。他的這幾句話，我覺得不是沒有根據的，因為我曾和上面所說的那個中國菜館的經理周君談起當地人民的生計狀況，他認為當地的人民裡面沒有窮苦的，而在事實上我所目睹的貧民窟就不少！——雖則最大多數是屬於黑人的。但在我聽到中國人在該城還過得去，這當然是一件可慰的事情，至於他們因生活的關係，有著他們的特殊的意識形態，那又是另一件事了。

R君告訴我，說一般人都很勢利，所以叫我在街上走的時候，要挺胸大踏步走，對任何人不必過分客氣，如有問路的必要時，可先問怎樣走回塔待烏益勒旅館（Tutwiler Hotel），因為這是伯明罕最大最講究的一個旅館，有人聽見你住的是這個旅館，一定要肅然起敬，認你是個闊客！這樣一來，他便要特別殷勤，你問什麼他就盡力回答你什麼。可是我從來沒有裝過闊，這在我倒是一件難事，幸而伯明罕城並不大，街道整齊，還易於辨別，所以也無須裝腔作勢來問路。

誠然，如果你不到許多貧民窟去看看，只看看伯明罕的熱鬧區域和講究的住宅區，你一定要把它描寫成很美的一個城市。它的市政工程辦得很好，因為街道都是根據著計劃建成的，所以都是很直很寬的，轉角的地方都是直角，方向都是正朝著東西南北的。你在這樣市政修明的街道上，可以看見熙來攘往的男男女女——指的當然是白種人——都穿著得很整潔美麗，就是婦女也都長得很漂亮，白嫩嫵媚得可愛，不是你在紐約所能多遇著的。

我有一天特為到一個很講究的理髮店裡去剪髮，那個剪髮夥計的衣服整潔，比我還好得多，我有意逗他談談，才知道他對於中國人很歡迎，說中國人和美國人是一樣的高尚，他同樣願為中國人服務。但是我一和他提起黑人怎樣，他的和顏悅色立刻變換為嚴肅的面孔，說他絕不許「尼哥」進來，「尼哥」哪配叫他剪髮！我說「尼哥」一樣出錢，為什麼不可以？他說你有所不知，只要有一個「尼哥」進來，以後便沒有白種顧客再到這個店裡來剪髮了，所以他們為營業計，也絕對不許「尼哥」進來的。

我曾親到黑人的貧民窟裡去跑了許多時候，他們住的當然都是單層的破爛的木板屋，櫛比的連著。我曾跑到其中一家號稱最好的「公寓」去視察一番，託詞要租個房間。起初那個女房東很表示詫異，我說我是在附近做事的，要租個比較相近的安靜而適宜的房間，她才領我進去看，把她認為最好的房間租給我。我一看了後，除破床被椅而外，窗上只有窗框而沒有窗，窗外就是街道。我說這樣沒有窗門的房間，東西可以隨時不翼而飛，如何是好！她再三聲明，只要我肯租，她可以日夜坐在窗口替我看守！我謝謝她，說我決定要時再來吧。

我在這許多齷齪破爛的貧民窟跑來跑去的時候，尤所感觸的是這裡那裡常可看到幾個建築比較講究的教堂，有時還看見有黑人牧師在裡面領導著黑人信徒們做禮拜，拉長喉嚨高唱聖詩。教堂也有黑白之分，專備白人用的教堂，黑人是不許進去的。這事的理由，不知道和上面那位剪髮夥計所說的是不是一樣！

美國南方的資產階級把剝削黑人視作他們的「生命線」，誰敢出來幫助黑人鳴不平，或是設法輔助他們組織起來，來爭取他們的自由權利，都要被認為大逆不道，有隨時隨地被拘捕入獄或遭私家所顧的偵探綁去毒打的機會。

伯明罕以鑄鋼著名，還是一個工業的城市，我聽從K君的建議，更向南行，到塞爾馬去看看變相的農奴。

塞爾馬是在伯明罕南邊的一個小鎮，離伯明罕一百十二哩，是屬於達拉斯郡（Dallas County）的一個小鎮。人口僅有一萬七千人，這裡面白人占五千，服侍白人的僕役等占二千，變相的農奴卻占了一萬。以一萬二千的黑人，供奉著那五千的白人！這是怎樣的一個社會，可以想見的了。

由伯明罕往塞爾馬，要坐四小時的公共汽車。那公共汽車比我們在上海所用的大些，設置也舒服些，有彈簧椅，兩人一椅，分左右列。兩椅的中間是走路的地方，這樣兩椅成一排，由前到後約有十幾排。兩旁的玻窗上面有裝著矮的銅欄杆的架子，可以放置衣箱等物。開汽車的是白人，兼賣票，幫同客人搬放箱物。他頭戴制帽，上身穿緊身的襯衫式的制服，腳上穿著黃皮的長統靴，整齊抖擻，看上去好像是個很有精神的軍官。

我上車的時候，第一排的兩邊座位已有了白種客乘坐了，我便坐在第二排的一個座位上。接著又有幾個白種乘客上來，他們都盡前幾排坐下。隨後看見有幾個黑種乘客上來，他們上座位時的注意點，和白種乘客恰恰相反。白種乘客上車後都儘量向前幾排的座位坐下；黑種乘客上車後卻爭先恐後儘量尋著最後一排的座位坐起。這種情形，在他們也許都已司空見慣，在我卻用著十分注意和好奇的心情注視著。漸漸白的由前幾排坐起，向後推進，黑的由後幾排坐起，向前推進，這樣前的、後的都向中間的一段推進，當然總要達到黑白交界的一排座位。那個黑白交界的座位雖沒有規定在哪一排，但是前幾排坐滿了白的，後幾排坐滿了黑的，最後留下空的一排，只須有一個白的坐上去，黑的就是沒有座位，也不敢再湊上去；反過來，如只有一個黑的坐上去，白的也不願湊上去。所以在交界的地方，總是黑白分得清清楚楚，一點不許混亂的。

我這次由伯明罕乘到塞爾馬的那輛公共汽車開到中途的時候，最後留下的空的那一排座位上坐上了一個黑種乘客，照地位說，那一排還有三個人可坐（兩張椅，每張可坐兩人，中間是走路的），但我看見有一個白種乘客上來，望望那一排座位，不進來坐，卻由汽車伕在身帝旁展開一張原來招攏的帆布小椅，夾在第一排的兩椅中間（即原來預備走路的地位）坐下。等一會兒，又有一個白種乘客上來，那汽車伕又忽而從近處展開一張同樣的帆布小椅給他夾在第二排的兩椅中間坐下。我記得當時第六排起就都是黑人，我不知道倘若繼續上來的白種乘客即有帆布小椅可坐，擠滿了第五排的中間以後，怎樣辦法。可是後來白種乘客並沒有擠到這樣，所以我也看不到這樣的情形。這種帆布小椅小得很，只頂著屁股的中央，尤其是那位大塊頭的中年婦人，我知道她一定坐得很苦，但是她情願那樣，雖然有很舒服的沙發式的座位，因為在黑人一排而不肯坐。而且擠坐在兩椅的中間，一路停站的時候，後面客人走出下車，她還要拖開自己的肥胖的軀體讓別人擠過，怪麻煩的，可是她情願這樣。不但她情願這樣，那個汽車伕以及全車的客人，除我覺得詫異外，大家大概都認為是應該這樣的。

那個黑白交界的兩排座位——一黑一白——是隨著黑白兩種乘客在一路上增減

而改變的。例如在中途各站，白人下去得多，黑人上來得多，那黑界就漸漸向著前面的空的座位向前推；如黑人下去得多，白人上來得多，那白界也就漸漸向著後面的空的座位向後推。我後來看到最後留下的那一排座位坐著一個白人，忽然有一個黑女上來，那黑女穿得很整潔，人也生得很漂亮，手上還夾著幾本書，但是不敢坐上那一排上空的位置，只得立在門口。車子在那段的路上顛簸得頗厲害，但是她屢次望望那幾個空著的位置，現著無可奈何的樣子！我尤其惻然的，看見有三、四歲天真爛漫的黑種孩子，很沉默馴良地跟著他的母親坐在後面，又很沉默馴良地跟著他的母親從後面跟跟著出來下車。他那樣的無知的神態，使你更深深感覺到受壓迫者的身世的慘然。

大概中國人到美國南方去遊歷的還少，尤其是在那樣小城小鎮的地方，所以汽車裡面的乘客，無論是白的是黑的，對於我都表示著相當的注意，至少都要多望我幾眼；但是他們所能望到的只是我的外表，絕對想像不到我那時的心情——獨自孤伶伶的靜默坐著，索迴於腦際的是被壓迫民族的慘況和這不合理的世界的殘酷！

在途中還時常看見住在小板屋的「窮白」，他們的孩子因營養不足，大抵都面有菜色，骨瘦如柴。

我到塞爾馬的時候，已經萬家燈火了，在伯明罕沒有住成青年會寄宿舍，到這裡卻住成了青年會寄宿舍。當夜我只到附近的一兩條街市跑跑，後來才知道這個小鎮的熱鬧街市就不過這一兩條，可是市政卻辦得很好，不但熱鬧的街道，就是住宅區的街道也都廣闊平坦，都是柏油路。商店都裝演美麗整潔。第二天跑了不少住宅區，玲瑰精美的住宅隱約顯露於蔥鬱的樹蔭花草間，使我想到這是一萬多黑人的膏血堆砌成功的，使我想到在這鳥語花香幽靜樓閣的反面，是掩蔽著無數的骷髏，抑制著無數的哀號！

我們讀歷史，都知道美國有個林肯（Abraham Lincoln）曾經解放過美國的黑奴，但是依實際的情形，美國現在仍然有著變相的農奴（這變相的農奴也就是黑奴），所謂解放黑奴，只是歷史教科書上的一句空話罷了。「變相的農奴」這名詞，我是用來翻譯在美國南方所謂「Sharecropper」的，在英語原文的這句詞可直譯為「收成的分享者」。這原來可說是不壞的名詞，因為農業有了收成，請你來分享一部分，這有什麼壞處？但是在實際上這號稱「收成的分享者」卻絲毫「分享」不到什麼「收成」，只是替地主做奴隸，所以我就把它意譯為「變相的農奴」，使名副其實，以免混淆不清。

這種變相的農奴除了自己和家人的勞力以外，一無所有。地主把二、三十畝的田叫他和他的家人來種棉花——美國南方是產棉區。由地主在田地裡的隙地搭一個極粗劣狹隘的板屋給他全家住，供給他農具和耕驢。在表面說來，到了收成的時候，他應可分得一部分的棉花，但在事實上地主並不許他自己占有這一部分棉花的售賣權。地主所用的方法，是強迫這黑農和他的家人用他替他們所置辦的極粗劣的衣服和糧食，以及其他家常需用的東西。到了收成的時候，由地主隨便結帳，結果總是除了應「分享」的部分完全抵消外，還欠地主許多債。這種債一年一年累積上去，是無法償清的，在債務未償清以前是無法自由的，不但他自己要終身胼手胝足替地主做苦工，他的全家，上自老祖母，下至小子女，都同樣要替地主做苦工。在南方的地主們數起他所有的變相的農奴。不是以人數，卻以家數。例如一個地主說他有著十家的「收成的分享者」，這意思就是說這十家的大大小小都跟著那每個家裡的變相的農奴一同為地主服役，沒有工資可說的。所以說是十家，把人數算起來，也許要達一百多人。

我除到了附近的鄉村步行視察外，還雇了一輛汽車到塞爾馬郊外的農村去看了好些時候，看見東一個大田中間有一個板屋，西一個大田間有一個板屋；這板屋就只是一個破舊的平房，黑奴幾代同堂都塞在裡面。在那裡，你可以看到襤褸不堪的男男女女、大大小小，橫七豎八地坐在門口地下，外面晒著炎熱的陽光，他們就在這樣的環境裡呆坐著。那天正逢著星期日，他們照例是無須做工，但也無法出去娛樂，其實也無處娛樂，所以只得呆呆地在炎暑之下呆坐一天！他們平日工作是沒有一定的時間的，從天亮起，一直到天黑為止！寒爾馬的街道那麼好，但卻沒有任何街車，因為地主們都有汽車，奴隸們就只配跑腿。全家服役的變相的農奴們，因此也只有侷促在狹隘骯髒的小板屋裡，無法出去；就是出去，也沒有什麼地方可去。他們乘車的時候也有，我在鄉間親眼看見地主把運貨的塌車運輸黑奴，一大堆地擠著蹲在裡面，和運豬羅一樣！

依法律雖不許買賣人口，但是在美國的南方「黑帶」裡，甲地主要向乙地主讓若干變相的農奴，只要出多少錢給甲地主，以代這些變相的農奴還債為詞，便可用塌車整批運走，因為他即成為這些農奴們的新債主，有奴役他們的權利了！這不是變相的農奴是什麼呢？

（原載一九三六年九月《世界知識》第四卷第十二號。）

美國青年運動

十五日夜裡，我們幾個人和C談到深夜，參加的除P和我外，有G、S、C夫人和她的愛女。我們圍坐在那個小小的客廳裡，談笑風生，簡直忘卻了時間。P依原定計劃，決留在明尼亞波利斯，不日即轉赴鄉間去工作。我和G及S便於十七日的下午兩點鐘離開這個地方，不得不和這一群可敬可愛的朋友們告別了。

G和S都不過是二十幾歲的青年。說來湊巧，他們兩位有一點都和P相同，都是富家子弟，卻都富於革命的精神。G的為人，我在上面已略為提及，S也同樣的是個非常可愛的青年。他是德國種，移殖到美國的，滿頭的黃金色的嫩髮，一對特別綠的眼睛。他的認識非常正確，判斷非常敏銳，待朋友卻非常和愛。G研究醫學，S卻研究法律。他們對於父親雖都親愛得很像，G每天要打一電報給父親報平安，並略述途中情況，但是他們談到資本主義社會對於勞動者的剝削，卻毫不客氣地把他們父親的剝削方法和盤托出，「如數家珍」，作為引證，因為他們的父親也都是資本家！這真是一件怪有趣的事情。

他們兩人都於七月四日在底特律參加過第二次美國青年大會（Second American Youth Congress），他們這個時候正從那裡開完了會來的。這個青年大會，在美國民眾運動裡面占著很重要的位置，我本來也打算去看看，可惜因為其他事務的羈絆，未得如願，現在遇著這兩位朋友，卻聽到不少關於這個會議的情形。

這次青年大會有三、四千代表參加，代表美國各地青年一千三、四百萬人之多，規模之大，可算是美國有史以來青年聚會的空前盛況。數量之廣，為前此所未有，這還在其次；再從質的方面看，更重要的是這次青年大會的代表是不分宗教，不分人種，不分職業，不分黨派，包括教堂、學校、礦山、工廠、農場、工會裡的青年，以及各地其他青年團體所推選的代表。換句話說，也可以說是美國青年運動聯合陣線的成功。而且選舉是用民主制度，先由各城鎮開大會選舉，然後再由各地推派到大會裡來。該會是在底特律城舉行，所以該城的委員會比各區的委員會尤為繁忙，於是特在該城組織一個規模較大的委員會，稱為「七十六人委員會」，主持一切。在七月四日這一天，在底特律舉行大會外，並舉行青年大示威運動，隨後又接連開了三天的各組會議，晚間舉行各種遊藝會。這大會所決定的議案並非徒託空言，卻由各區的「繼續委員會」(Continuation Committees or Councils) 積極推行，同時喚起全國青年，來積極參加。

美國原無所謂青年運動，在「繁榮」時代，青年們只是各有各的發財思想，在經濟恐慌初期，還只是各以個人的立場謀自身問題的解決，直至數年來資本主義社會的內部矛盾日益尖銳化，才震動了全國青年的心弦，一天天覺悟起來，知道這非用集體的力量來謀集體的解決，於是要求「社會的和經濟的正義」的青年運動便漸漸地洶湧起來了。所以有人說，像這次美國青年在底特律開的青年大會才是美國的真正的青年運動的信號！這句話是否正確，可分析他們這次大會的目的和主張，知道大概。我深信美國的青年運動不但和美國的將來有著密切的關係，就是和世界的將來，也有著重要的影響，所以很值得我們的注意。

美國青年大會的主要目的有三：

(一) 喚起青年自己的注意，由青年自己集合起來研究美國青年在今日所遇著的重要問題，再由彼此自由交換理想和意見，決定實行的程式，期望解決這種種問題。

（二）執行所決定的程式，使在行動上表現出來，同時使全美國的青年對此事加以深切的注意。這樣執行的責任，由本會的各區「繼續委員會」以及其他種種附屬機關擔負起來。

（三）鞏固一切青年的聯合，無論是猶太人或異教徒，天主教徒或清教徒，黑人或白人，本地生的或是外國生的，乃至美國的青年和其他地方的青年，勞動階級和中等階級的青年——他們的問題往往互有關聯，在許多地方簡直有完全相同的。

此外，美國青年大會是積極同情少數民族的，雖則在一方面在習慣和理想上是含著美國的特色，但是卻要堅決反對狹義的國家主義，熱烈擁護一切民族平等的國際主義。我們如再對這三個主要目的加以相當的研究，便知道第一目的顯然是注重青年用集體的力量來解決青年的切身問題；第二目的是注重實行，注重行動而不以空言為滿足，而且要喚起全國青年來共同實行；第三目的是主張全國青年的大團結，並且要和別國青年共同攜手奮鬥。至於宣言反對狹義的國家主義，熱烈擁護各民族平等的國際主義，那顯然是對於侵略的帝國主義提出了抗議。帝國主義國家的下一代的主角在思想上有著這樣的動向，這不是很值得我們注意的嗎？

目的還比較的抽象，請再進一步看看他們的主張：

（一）用有組織的示威行動來反抗戰爭。他們知道帝國主義的侵略戰只是替「貪得利潤永不厭足的獨占者」、軍火商人，以及他們的走狗們巧取豪奪罷了。他們以為反戰不應等到戰爭已經來時才反對，必須在現在就用有組織的示威行動來反戰，例如群眾大會、示威遊行和其他集體的行動等等都是。這樣一來，能使備戰的人們知道青年們——備戰者視為將來炮灰的青年們——對於反戰態度的堅決。此外對於軍火工業的工人罷工，也要予以有力的擁護，對於青年集中營（所謂 C.C.C.）的軍事訓練也要極力反對。（這是帝國主義預備侵略戰用的，這和中國反抗侵略的軍事訓練當然又當別論。）

（二）反對法西斯主義。美國資本主義社會的內在矛盾日益尖銳化以來，勞工階級的反抗力量也一天天膨脹起來，於是資產階級的壓迫也一天天厲害起來，戴著假面具的法西斯主義運動也漸漸露頭角了，這和青年們的文化前途及思想前途都有殘害的危機，所以他們也要喚起全國青年的特別注意，用集體的力量來反抗。

（三）要求工農界工作青年生活的改善。他們主張工人有自由權利加入他們自己所選定的工會，用「集體交涉」爭取工人生活的改善，反對一切政府的機關每遇勞資爭執時總站在僱主方面來壓迫工人。此外並要求政府對青年亦須有失業保險。反對僱用童工，也是其中的一項要求。最後關於教育方面，要求增加教育經費，要求學校師生的思想自由。

（四）堅決主張一切人種，一切民族，在政治和社會方面都立於平等的地位，造成美國國家大部分基礎的黑種人——勞工階級——也包括在內。

該會特別指出美國「憲法」所保障的人民對於言論、出版、結社自由的權利，反對對於這種權利的任何方式的損害或減少。該會要極力保持一切人民都應享受的公道、平等和良好的生活。他們認為這種權利都是一七七六年七月四日《獨立宣言》(Declaration of Independence）裡所鄭重聲明的；為著這個《獨立宣言》，他們的祖宗是經過流血的犧牲的。他們所以選定七月四日開大會，也是有深意的，因為這一天正是《獨立宣言》宣布的紀念日。

美國全國青年，為表示對於戰爭和法西斯主義的抗議，在一九三五年四月十二日舉行全國學生一小時罷課的廣大行動，自願參加者逾二十萬人，引起全國的深刻注意，使反動派為之驚心動魄，美國青年大會也是積極進行這件事的一個重要集團。

我們談了第二次美國青年大會的大概情形，看到代表一千三、四百萬青年的三、四千代表所提出的主張和他們以後所要努力推動的傾向，對於美國青年運動的前途，應可得到更明了、更深刻的認識吧。

G和S還津津有味地告訴我一件事。他們說在開會最後一日的夜裡，數千人正在舉行一個跳舞會，以志別情，有兩個會員——一白一黑——同到附近一家咖啡店去喝咖啡，但是那位黑同志被那咖啡店所拒絕，白的黑的都不服，同時和那裡的店主爭辯起來，說黑的也同樣付錢，有何理由可以拒絕？可是人種的成見在底特律原來也是很厲害的，所以咖啡店主仍用很強硬無理的態度拒絕，置他們的抗議於不理。他們兩位黑白同志於氣憤之餘，立刻奔回大會裡報告，正在跳舞的同志們立刻動員整千的會員在那家咖啡店的前面左右列成糾察隊（他們所最說得津津有味的「picket line」），不讓人們進去喝咖啡，使那家店的生意大受影響。那店主趕緊報告警察局，不一會兒大隊警察來了，但是警察的隊伍雖大，仍遠不及青年糾察隊的大。G說得更有趣，他說在紐約的警察對於這類的大示威看得慣了，所以還能鎮定應付，底特律這個地方，在這一大班青年光顧以前，根本就從來少看見過這樣大隊的青年在馬路上示過什麼威，所以他們望著莫名其妙，弄得目瞪口呆、不知所措，竟立在旁邊作壁上觀，眼巴巴望著這許多青年們列成隊伍在咖啡店門口來往梭巡著，大呼其口號！後來還是咖啡店主自己向那位黑朋友道歉，並泡好一杯咖啡給他喝，才算了事，大隊才凱旋地大踏步回去。

這在他們——這班熱烈公正的青年同志們——認為是應該的、當然的。他們不是主張各民族都要平等嗎？他們不是主張黑人在美國也應該享受平等待遇嗎？他們既這樣主張，所以在行動上便要這樣幹。G和S雖都是白種的青年，但是因為他們在思想上的轉變，便深深覺得民族是應該平等的，便很自然認為黑人也應該享受平等的待遇，不僅是在嘴上說空話，而且是在行為上有著實際的表現。我的意思不在稱讚這兩位青年朋友；我所要指出的是世界上各民族——尤其是被帝國主義所壓迫蹂躪的民族——要獲得解放，和世界上反侵略的最前進的思潮和陣線是有著密切的聯繫。為著我們民族解放的前途，我們應該加入世界上侵略的思潮和陣線呢？還是應該加入世界上反侵略的思潮和陣線呢？這在略有常識的人們應該是不成問題的，但在事實上卻仍有人要故意往死路上跑，這是很可痛心的事情。這種人的迷夢，是我們所要設法喚醒的啊！

寫於一九三七年一月至三月江蘇高等法院看守所。

（收入一九三七年五月上海生活書店出版《萍蹤憶語》）

黃石公園和離婚勝地

黃石公園真夠得上一個「大」字！它的面積共有三千三百五十方哩，長達六十二哩，闊達五十四哩，占懷俄明州的西北部，並朝北伸入蒙大拿州兩哩餘。公園的四面都有大森林包圍著。公園的中央有著八千尺高的火山高原。裡面有溪，有湖，有怒濤洶湧的溫泉，尤其吸引遊客的是噴出高達一百五十尺的溫泉，好像放花似的。據說每六十五分鐘即噴出一次，每次噴泉能持至四分半鐘。還有溫泉洞，繼續不斷發出驚人的吼聲。此外還有一個奇景是奇大無比的山岩被河流劈開，河流已乾，而兩旁壁立千仞的危岩卻巍然可見。這岩谷他們叫做「Grand Canyon」，兩旁石壁高達八百尺至一千一百尺，陽光反映，美更無匹。這個公園裡並有不怕人的熊，見人不避，亦不妨害，聽說可從遊客手上吃東西，但是非膽子大的人仍未敢嘗試。

我們穿過這個奇大的公園之後，於當天下午七點鐘達到猶他州西北部的鹽湖城

(Salt Lake City)，這裡有十四萬餘人口，算是一個較大的城市，街道店鋪都很講究，附近有個鹽水湖，是完全鹽水的，有許多人到那裡去游泳，我們三個人也去嘗試了一下。鑽下水去游泳一會兒，露出身來，滿身就都散布著亮晶晶的鹽花，游完後要到湖邊特設的淡水淋浴，把身上的鹽水沖洗乾淨。我游到較深的地方，不留神喝了一大口鹽水，鹹得要命，弄得好久不舒服。由鹽湖城再西行，要經過一個長途的沙漠，白天炎熱非常，要在夜裡啟程，所以我們在二十一日這一天大游其鹽水湖，到當夜十點三刻鐘才向沙漠進發。這個整夜就在兩邊沙漠茫茫中向前開快車（仍有很好的公路），雖在夜裡，氣候仍比白天熱得多，除開車的一人外，其餘兩人都大打其瞌睡。第二日（二十二日）早晨開到內華達州的西部一小鎮叫做愛鎖（Love Lock），因為一夜的疲頓，找到一個「木屋」，大家趕緊洗了一個澡，一睡就睡到下午三點鐘才起來。二十三日上午八點鐘離愛鎖，下午四點鐘到世界著名的離婚城雷諾（Reno）。

雷諾是在內華達州西部的一個鎮，人口約一萬八千餘人。這小小的一個地方，所以聞名於天下的，就是因為那是一個離婚最容易的地方。我們到了之後，最注意的當然也是這件事，但是當天已晚，第二天才去參觀當地的法庭。這裡的法庭幾乎是包辦離婚的案件，因為別的地方遇著離婚感到困難的就跑到這個地方來解決。而且解決得真快！每件案子只有寥寥數句話，十分鐘左右便可結束，所以我們坐在法庭旁聽席上不到半小時，已看到三四起的離婚案件結束了。所看到的幾個案子，都是女子來和男的離婚，而且只原告到案，被告不到案，也沒有什麼辯論。在這樣法庭上做律師，真是便當之至！來離婚的女子，有半老的徐娘，有老太婆，也有青年女子。有一個青年女子在庭上已達到了離婚的目的，退庭時熱淚竟奪眶而出，怪傷心似的！不知道她是追念前塵影事而不禁傷心呢？還是別有不足為外人道的苦衷？這卻不是局外人所能猜度的了。

庭上有個律師名叫章生（Kendrick Johnson），因為他以前交過中國人做朋友，對於中國人特別有好感，看見在旁聽席上有個中國人的我在，竟引起他的注意，退庭後就來找我談話。在法庭上匆匆未能盡意，約他午餐後再去訪問他一談，他答應了。我們午後便按時同到他的事務所裡去談，由他那裡知道了不少關於離婚的情形。

在雷諾進行離婚的法律手續有個重要的條件，便是須先在該處住了六個星期。住了六個星期，然後可以根據下面的九個理由中的任何理由起訴：

一、在結婚的時候即不能人道，在離婚的時候還是這樣。
二、自結婚後即犯通好，仍不為對方所寬恕者。
三、任何時候，任何一方為對方所有意遺棄達一年時期者。
四、犯重罪或不名譽的罪。
五、酗酒的習慣，任何一方自結婚後即犯此惡習，以致對於家庭的維持發生影響。
六、任何一方有極端的虐待行為(精神的或身體的)。
七、丈夫忽略供給生活上的一般需要達一年時期者，唯此種忽略須不是由於丈夫貧窮的結果。
八、在起訴前的兩年內犯了神經病。
九、雙方分居已達五年的時期。

如果被告雖不願親自出庭爭辯，但卻委託律師出庭，那末在六個星期的時期屆滿之後，亦可由法院立即開庭判決。如果被告既不願親自出庭爭辯，也不委託律師出庭，那末在文件送達被告之後，須再等候三十天，然後才可以開庭審問。這樣算起來，住了六個星期，還要加上三十天，原告是可以隨意離開雷諾的。倘若被告的住址不明，無法傳達，那末必須把傳票登在本地的日報上，每星期登一次，連登四個星期，末期登出之後，還要再等候三十天，然後才可以開庭判決。這樣算起來，住了六個星期，加上四個星期又須加上三十天。但是同樣地，也不過六個星期一定要住在本地，至於那隨後的四個星期和三十天，原告也是可以隨意離開雷諾的。

必須住在本地六個星期，有提出證據的必要；離婚原因如果是神經病也有提出證據的必要。除這兩點在法庭上須舉出事實為證據外，其餘一切都無須舉出事實為證。這也是替要求離婚者大開方便之門！這裡的法庭一年開到底，一點不間斷，要離婚的無論何時都可以光顧，這也是替有意離婚者大開方便之門！如果起訴者要求關門審判，禁止旁聽，法庭也可以「唯命是聽」，把一切旁聽的人和新聞訪員都拒之門外，這又是「服務」得多麼周到？就是雙方都有錯，但是法庭仍可為著錯得少的一方准許脫離，所以離婚的成功總是有把握的！

黃石公園和離婚勝地

據統計所示，一九三四年在雷諾離婚的案件達二千六百六十五件。依該處法庭所給予的種種便利，這數量似乎還不算怎樣驚人，這是什麼緣故呢？我想一定是經濟的問題。我在紐約時，親見有某機關的一個女書記，早就想到雷諾去提出離婚，但是要請假六個星期，要在雷諾住六個星期，要出律師公費，要出訴訟費，還要算算來往的一筆路費——這種種都是她不得不費些工夫籌謀一番的。聽說她皇皇然湊足了千餘圓，才敢動身到雷諾去。簡單說一句，無論怎樣便利，還只是替拿得出錢的人謀便利，沒有錢的人免開尊口，因此，據說雷諾的「營業」近幾年來也很受到經濟恐慌的打擊。

這種地方，律師業當然很發達，以人口不過一萬八千餘人的小鎮，聽說律師竟有八百人左右之多！

不但律師們沾光，雷諾的旅館業以及其他部分的商業也都把旅客們當「洋盤」看。我們是過路客，並不是要來離什麼婚的，但是無意中也做了一次小「洋盤」！事實是這樣：我們到的第二天早晨，我和G因為頭髮已太長了，一同出去剪頭髮。跑進一家很平常的理髮店去剪。在紐約剪髮，像這樣的小店，每人不過兩、三角或三、四角錢就行，但是我們在這裡剪完之後，每人卻須付七角半，我們兩人出了店門，都面面相覷，現出詫異的樣子。所謂雷諾原來就是如此！

寫於一九三七年一月至三月江蘇高等法院看守所。

（收入一九三七年五月上海生活書店出版《萍蹤憶語》）

電子書購買　　爽讀 APP

國家圖書館出版品預行編目資料

萍蹤寄語：記錄旅遊各國的所見所聞，鄒韜奮以詳實的文字批判資本主義利弊 / 鄒韜奮 著 . -- 第一版 . -- 臺北市：崧燁文化事業有限公司 , 2023.09

面；　公分

POD 版

ISBN 978-626-357-558-5(平裝)

1.CST: 遊記 2.CST: 旅遊文學 3.CST: 世界地理

719　　112012438

萍蹤寄語：記錄旅遊各國的所見所聞，鄒韜奮以詳實的文字批判資本主義利弊

臉書

作　　者：鄒韜奮
發 行 人：黃振庭
出 版 者：崧燁文化事業有限公司
發 行 者：崧燁文化事業有限公司
E-mail：sonbookservice@gmail.com
粉 絲 頁：https://www.facebook.com/sonbookss/
網　　址：https://sonbook.net/
地　　址：台北市中正區重慶南路一段六十一號八樓 815 室
Rm. 815, 8F., No.61, Sec. 1, Chongqing S. Rd., Zhongzheng Dist., Taipei City 100, Taiwan
電　　話：(02)2370-3310　　傳　　真：(02) 2388-1990
印　　刷：京峯數位服務有限公司
律師顧問：廣華律師事務所 張珮琦律師

定　　價：299 元
發行日期：2023 年 09 月第一版
◎本書以 POD 印製
Design Assets from Freepik.com